逆 袭

传统企业全网营销的突围之路

单仁 ◎ 著

北京大学出版社
PEKING UNIVERSITY PRESS

内容简介

互联网进入中国已有二十多年，人们逐渐从聊天、购物等轻应用过渡到将自己的业务放到网上去成交这样的重应用上，互联网才刚刚进入它最好的应用时期。但是在这个转型的过程中，传统的企业家们并不清楚企业进入互联网后应该做什么，如何在互联网上进行有条理的运营，等等。

本书围绕互联网时代中小型企业转型的核心需求，将内容分为三个部分：第一部分从商业视角让读者清晰地看到互联网给传统企业带来的巨大冲击与改变；第二部分介绍企业转型必须具备的互联网思维；第三部分则是从系统落地的角度让读者看到转型的关键是有策略的系统布局——定位、运营、建站和推广。为了帮助读者加深理解，书中配有丰富的转型成功的企业案例以供参考。"开卷有益"，让自己的企业在网上牛起来，逆袭不是梦！

图书在版编目（CIP）数据

逆袭：传统企业全网营销的突围之路 / 单仁著 . — 北京：北京大学出版社，2018.9
ISBN 978-7-301-29573-1

Ⅰ.①逆… Ⅱ.①单… Ⅲ.①企业营销–网络营销 Ⅳ.①F274-39

中国版本图书馆 CIP 数据核字 (2018) 第 102568 号

书　　　名	逆袭——传统企业全网营销的突围之路
	NIXI——CHUANTONG QIYE QUANWANG YINGXIAO DE TUWEI ZHI LU
著作责任者	单　仁　著
责 任 编 辑	吴晓月
标 准 书 号	ISBN 978-7-301-29573-1
出 版 发 行	北京大学出版社
地　　　址	北京市海淀区成府路205号　100871
网　　　址	http://www.pup.cn　新浪微博：@北京大学出版社
电 子 信 箱	pup7@pup.cn
电　　　话	邮购部 62752015　发行部 62750672　编辑部 62570390
印 刷 者	北京中科印刷有限公司
经 销 者	新华书店
	880毫米×1230毫米　32开本　7印张　145千字
	2018年9月第1版　2018年9月第3次印刷
印　　　数	12001－20000册
定　　　价	59.00 元

未经许可，不得以任何方式复制或抄袭本书之部分或全部内容。
版权所有，侵权必究
举报电话：010-62752024　电子信箱：fd@pup.pku.edu.cn
图书如有印装质量问题，请与出版部联系，电话：010-62756370

推荐序

路长全
切割营销创始人、
清华大学客座教授、北京大学客座教授、
浙江大学客座教授

网络转型的核心在于回归营销和品牌的本质

我还在伊利工作的时候,就有朋友向我推荐单仁博士,但也许是缘分未到,一直未曾谋面。后来我担任央视的营销顾问,单仁博士是央视财经频道的评论员,经央视朋友的介绍,我们才有机会见面交流。第一次见面,我们就聊得不亦乐乎,真有一见如故的感觉。

单仁博士请我为他的《逆袭》一书写序时,我有点受宠若惊。这是单仁博士继《网道》《抢道》《渠道新战争》《全网生态营销》后的又一力作,是产业互联网时代具有前瞻性的代表作。在读这本书之前,我曾经有一些疑问:面对众多不同类型的企业,单仁博士的团队怎么能把网络营销的手段和方法讲明白,尤其让大家回归生意层面,能听懂还会用?又怎么能做到用一套系统辅导超过12万家企业向互联网转型?

在拜读《逆袭》以后,我才明白单仁其实做了非常聪明的转型,他将传统营销方法应用于互联网的环境之中,而且随着互联网的环境变化做了融合式的发展。

单仁博士在传统销售领域驰骋数十年,从担任天霸表、海霸表的全国销售副总到担任太太公司(今天的健康元集团)常务副总经理,一直负责其全国的销售工作。后来做三源化妆品的总经理(广告语"做女人挺好"的产品),单仁博士用他近20年的营销实战和管理经验与互联网紧密结合,创新了网络营销系统,提出传统企业转型互联网的PMPO模型,包括定位系统、营销型网站系统、推广系统和运营系统。他是国内少有的将深湛的传统行业营销内功与互联网网络营销系统进行深度融合的研究学者。

单仁博士一直致力于"产业+互联网"的研究。在本书中,他从商业本质的角度揭示了互联网给人们的生产生活带来的影响,让人们清晰地看到有互联网介入的企业经营和没有互联网介入的企业经营之间巨大的效率差别;他还站在企业管理者的角度,阐述了企业转型必须具备的互联网思维,思维不变,困境难解。单仁博士也是全网营销布局的践行者,他站在系统布局的角度,从战略和战术两个方面向读者呈现了企业应如何用互联网重构经营模式,并以自己的企业为例,介绍网络营销管理必须具备的工具及这些工具诞生的原因,等等。

在本书中,单仁博士站在哲学的高度和道的层面去呈现他对互联网的理解，总结出互联网的"三无特性"——无远、无界、无我。

"无远"是指互联网可以让企业的产品或服务覆盖更远的范围，可以借助互联网远距离地找到更大规模的客户，让不同地域的同行也可以借助互联网抢夺客户。对客户来说，只要借助互联网，就可以找到比线下多百倍的商家。所以，要想在互联网上做生意，就要学会舍弃，学会精准定位。这和品牌对用户的定位一脉相承。例如，一家做不锈钢厨具的企业，可以为不同的用户制作，甚至定制厨具。在传统的营商环境下，厨具企业必须开设分公司或借助经销商的力量，才能接触到地域的不同客户，才可以展示产品，和客户见面交流，把客户分类，围绕客户的需求做定制；而一旦转到互联网上经营，如果不知道这些产品是卖给谁的，几乎寸步难行。所以，从互联网"无远"的性质上来说，需要这家厨具企业把企业的产品、服务定位到细分市场或利基市场上，做有针对性的、精准的定位。

"无界"从本质上来说，是指网络上没有空间、行业的疆界，只有用户的即时需求和周期需求。在互联网上，当企业定位到某个细分领域时，除了要把自己的核心业务做专、做精，还必须围绕客户的需求，为客户整合更多资源，打造专属的一体化解决方案。就像厨具企业可以选择定位到商业用户，包括餐饮店、食堂、酒店餐饮部等。这些商业用户除了需要厨具以外，还需要电冰柜、抽油烟系统甚至餐桌、碗筷，等等。也就是说，围绕目标市场研究客户的系统性需求，围绕这些需求提供深度服务，为客户打造一体化的解决方案，这是更深层级的延伸，也就是单仁博士的UCRC的理论模型。

"无我"是指企业先借助产品品类接触目标用户，然后了解用户要解决的问题，最终给出解决方案。产品和服务的形态是一个"有我"的状态，企业要忘记自己，站在用户的角度，研究用户的真正需求，帮他们解决问题，这样才能真正做到把用户黏在自己身边。只有理解了这样一套逻辑，企业才能在互联网上忘掉"产品品类是我的"，以用户的需求为核心，真正为用户解决问题。

值得一提的是，本书最大的特色是引入了丰富精彩的实战案例，这些案例都是受单仁博士指导后取得显著成效的企业的真实案例。这些企业曾经遇到的问题对很多想要转型的中小企业而言，都有学习和借鉴的意义。

前言

单仁
央视财经评论员、中国电子商务协会副会长、
单仁资讯集团董事长

跨过认知黑洞,用网络提升竞争力

  市场的每一次变化,都带来巨大的机会。很多伟大的成就,都是由思维改变后的行动产生的结果。每一次市场机遇,都有重要的窗口期。只有具备强烈的危机感且对变化敏感的经营者,才能在市场窗口期抓住机会;只有抓住机遇的企业,才能成为真正的市场赢家。

  20世纪80年代末,我在研究生实习的那一年就到太平协和商业集团在国内的商业机构——协和(中国)商业集团工作。当时太平协和集团和深圳华侨城合资成立了一家企业——深圳天霸电子工业有限公司,这家企业从生产石英手表起家,生产出中国第一块石英表。协和(中国)商业集团便负责这些石英手表的销售,如天霸表、海霸表。在协和,我从工厂成本会计做起,8个月后做到集团财务总监,后来做到集团副总经理。我记得当时高档手表必定会使用"永不磨损"的"蓝宝石"表面。所谓的"蓝宝石"表面,其实就是一种玻璃的硬化工艺,当时的玻璃供应商是中国香港伯恩光学有限公司。那时一个叫周群飞的湖南女生就在这

家玻璃厂工作,她后来创立蓝思科技。蓝思科技2015年上市后,她一跃成为中国女首富,其中非常重要的原因就是蓝思科技成为苹果、三星手机的玻璃供应商,赶上了智能手机巨大的发展机会。

在多年的从业经历中,我发现企业经营的一个重要规律:能存活10年、经营规模做到10亿元以上的企业,必定抓住了某个重要的时代机遇。

作为一个经营者,要想在竞争中活下去,必须保持对新技术的关注,尤其是对提升效率的新技术应用的关注。不管商界风云如何变幻,竞争的本质永远不变——高效率打败低效率。用新技术提升效率,就意味着在某些领域构建竞争优势。

如同人体全身的细胞每隔一段时间就会更新一遍,企业也必须不断更新自己,跟上世界的变化,跟上时代的步伐。公司历史超过130年的可口可乐,超过140年的奔驰和超过100年的宝马,这些百年企业,除了产品不断迭代以外,他们还不断从年轻市场中寻找新动力,而且每过几年都会在营销上创新求变,迎合年轻一代的消费需求。

在本书交付出版前,我拜访了单仁资讯学员企业——深圳兆威机电有限公司。兆威机电创立于1997年4月,主要从事齿轮传动结构的研发和生产,2009年跟着单仁资讯系统地学习网络营销。当时该公司全年销售额在1000万元左右,公司人数不足50人。2017年,这家公司的销售收入达5.5亿元,公司人数达1100人。

2018年到手的订单达7.2亿元，预定的订单排到了2019年，其中大部分的客户来自互联网，包括小米、OPPO、华为等。兆威机电做得如此出色的核心原因是：一方面，抓住了汽车、手机行业发展的机遇，尤其是涉足智能手机、智能扫地机等应用广泛、规模庞大的各种智能微电机的研发和生产；另一方面，公司的业务从原来的注塑齿轮，向齿轮传动系统再到智能传动解决方案发展。

从名称上看，兆威还是兆威，但今天的兆威和2009年刚刚学习单仁资讯课程时的兆威已经不是同一家公司了。就像可口可乐还是那个可口可乐，奔驰、宝马还是那个奔驰、宝马，但本质上，今天的这些百年企业已经完全不是当初的那个企业了。他们逐渐演变成一个新的、不一样的企业，甚至已经成为"新物种"。

我发现商业世界还有一个规律：凡是能存活超过20年的企业，从产品到营销模式，都一定经历过重大的变革，必定与时俱进。

虽然互联网已经非常普及，但客观来说，今天大部分的企业还没有真正用好互联网。这不是能力问题，不是资金问题，也不是人才问题，而是严重缺乏认知的问题。互联网的应用越广泛、越深入，经营者对互联网的认知黑洞就越大。

中国每年的"双十一"，是一场网购狂欢节，更是一场电商"烟花节"。连年增长的用户数量、连年攀升的交易数据，让"电子商务"和网络零售画等号。但仔细研究中国互联网的交易数据，我们就能看到真正的市场在哪里。2017年，中国电子商务交易总额为

29.1万亿元。其中，零售交易为7.1万亿元，占比为24%；大宗交易、复杂交易、定制化交易为22万亿元，占比为76%。数据说明，在整个社会交易中，各类大宗、复杂、定制化交易才是主流。

对很多企业来说，这种大宗、复杂、定制化的交易在过去是通过主动找甲方，找到有需求的客户，经过无数次的交流、投标甚至加上"灰色"的元素才能成交的。但是，今天越来越多的采购商，包括企业、政府，都会借助网络去实现。如果企业还是采用传统的地面销售方式，将很难实现规模化的业务。

单仁资讯在过去的12年里一直研究全网复杂交易的营销逻辑，从2006年开始涉足网络营销的研究和教育培训。12年的时间里，在国内面对面教育、引导和培训了超过120万家企业，使之更好地理解互联网。我们对全球企业网络转型案例进行深度研究，2007年推出了传统企业高效转型互联网营销的四大系统（PMPO模型），其中包括定位系统（策略）、全网推广系统（引流）、营销型网站系统（转化）和运营落地（执行）系统。

本书重点介绍高效持久盈利体系的研究，重点讲解这个持久盈利体系的核心关键。

第一，企业要重新定位自己的服务对象，围绕他们的生产／生活方式来组合产品和服务。企业要重新思考自己的核心业务、核心能力、企业服务对象的行业特点及应用场景；重新思考在全球整合什么样的技术，才能构成基于全网竞争的企业核心力；必须思考面对全球市场不同地域、不同场景的用户的个性化需求，以及如何与各种细分用户做基于网络特征的个性化沟通。

第二，企业不是用网络去改变传统经营方式，而是整合产品和服务来提供持续、系统的解决方案。

第三，未来的企业不是简单地从线下走到线上，而是要把网络融入经营过程，把顾客从线下融合到线上。把用户从线下链接到线上，在线上平台做有效沉淀，让用户在线上持续消费；线下只是一个体验入口，用来接触用户。一定要让线下、线上联动起来，才能让客户跟企业经常保持连接，同时产生持续交易和服务的机会。

此外，本书还系统讲解了互联网"无远、无界、无我"的核心特性等内容。本书所呈现的内容是希望告诉企业经营者，必须用全网的格局思考，除了要研究全网转型出发点的策略系统和落地方案，更要在转型中寻求更大的发展空间和机会。

和我创作出版的其他书籍不同，本书更加强调网络转型的关键在于运营：网站运营——打造持续高转化系统；用户运营——帮助企业实现用户价值深度变现；团队运营——打造企业全网核心团队，快速启动网络运营。

尽管我竭力将自己的研究和经验总结得全面、深入，但鉴于全球网络高速发展，各种研究和总结都是基于高速变化的逻辑验证，若有不成熟或不完善的地方，敬请各位读者批评指正，希望大家共同学习和成长。

阅读指引

1995

信息互联网时代

2004

2008 年《抢道》
四步带领企业做好网络营销

消费互联网时代

2010 年《渠道新战争》
网络渠道的开发、构建与管理

2011 年《网道》
网络营销的关键总结

2014

2017 年《全网生态营销》
移动时代打通线上、线下的全网生态营销体系

产业互联网时代

2018 年《逆袭》
站在哲学高度和道的层面阐述互联网的"三无本质",从趋势、思维和解决方案三个角度教你学会全网营销布局

2024

目录 CONTENTS

1 第一篇 商业视角 看：真正看清互联网

3 第一章 互联网给你带来了什么

3 第一节 互联网直线提升你的企业效率
7 第二节 互联网颠覆你的经营模式
13 第三节 互联网大大降低你的经营成本

17 第二章 你的企业能不能与互联网结合

17 第一节 互联网侵蚀传统企业的过程
22 第二节 你必须知道的互联网交易范式

31 第二篇 思维方式 变：扔掉旧思想，跟上互联网

33 第三章 如何打开互联网的大门

33 第一节 "无远、无界、无我"的思维
50 第二节 围绕用户需求做变法

55	第四章	用户在改变,你该如何应对
56	第一节	速度:去掉中间环节,快速成交
59	第二节	精度:一款衣服一个月凭什么卖出几万件
64	第三节	深度:给用户需要的,你的价值才能最大化

73 第三篇 解决方案 做:四步落地方法让企业逆袭

75	第五章	重新定位再出发
75	第一节	在客户心里,"你是谁"最重要
79	第二节	快速找到适合你的定位方法
84	第三节	线上、线下相融合,才能持久盈利
105	第六章	甩开膀子做运营
105	第一节	不断优化销售流程,快速成交
125	第二节	快速打造网销团队,坚守三个"一"
134	第三节	全面建立运营系统,确保企业稳赚钱
149	第七章	搭建你在互联网上的吸客阵地
149	第一节	70%的企业官网都在烧钱

152	第二节 营销型网站才能帮你快速成交
170	第三节 手机端网站这样建,既便捷又赚钱
178	第八章 全网营销,业绩逆袭
179	第一节 三大渠道先覆盖,流量迅速变销量
191	第二节 推广媒介用起来,捅破销量"天花板"
200	附录 网络营销常用数据表
203	后记

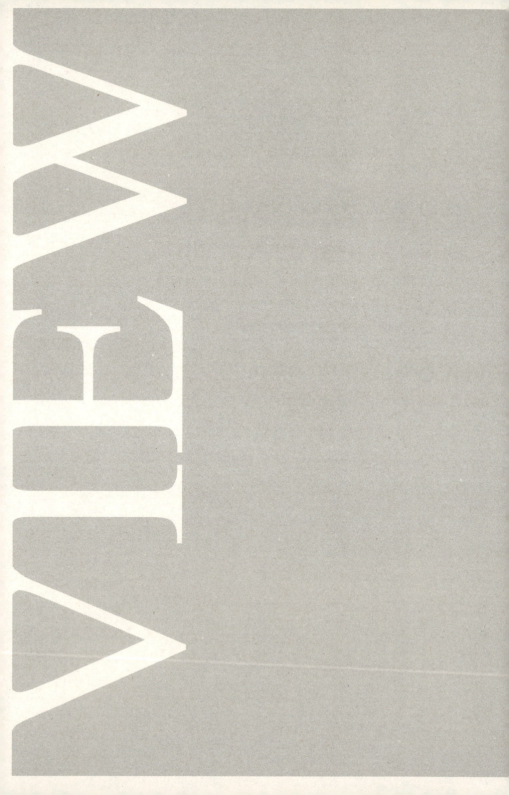

01

商业视角
看：真正看清互联网

1994年4月，中国首次实现了与国际互联网的完全对接，如今互联网进入了风起云涌的时代。短短20多年，互联网已经极大地改变了人们的工作方式、消费习惯，也改变了传统的商业逻辑。尤其是"互联网+"的出现和发展，对传统商业模式产生了极大影响，推动了传统企业的创新发展，以适应不断变化的时代。

第一章
互联网给你带来了什么

要想做好企业,很重要的一点是要能看清未来的趋势。2017年,我在一个千人论坛上讲过,未来有两个趋势很重要:一个是政策带来的结构性机会,另一个是技术带来的趋势性机会。对于企业负责人来说,不管你现在做什么生意,都要时刻关注这种趋势性的机会有没有出现。走向互联网是全球的大势所趋。我们不仅要看到中国的市场,还要放眼全世界。如果懂得这些,你就会去研究整个市场,利用互联网工具和技术提升企业的整体效率,既包括内部营运效率,也包括外部经营效率。

第一节 互联网直线提升你的企业效率

我讲企业和互联网,重点不是讲技术,而是讲互联网究竟会给我们带来什么样的思维变化。通过交流,我发现大家对互联网存在很多误解。尽管互联网在中国已经存在了20多年，但绝大多数企业经营者对互联网还是处于旁观的状态。大家不妨试想一下，在你心目中，互联网是什么样的？互联网跟你有什么关系？你有没有想过如何将自己的公司跟互联网结合？作为管理者，这些都是你要去了解的。当然，只了解这些还不够，最好是把所有学到的东西都转化为公司的想法、目标、行动，并让其产生结果。

其实，互联网经济还没有开始，真正的互联网才刚刚来敲门。2017年11月20日，腾讯市值超过5000亿美元，这一天注定要载入中国互联网史册。像腾讯、阿里巴巴这样的集团，如果不拆分，未来的市值很可能是几万亿美元，而且未来技术带来的真正的互联网是物物互联。未来10年，会产生几十万亿美元的各种新业务。

我在凤凰卫视录节目的时候，谈到了方便面市场的变化。2012年，中国方便面市场的销量达到了最高点，人均消费34包。但到2016年，人均消费25包，下降的比例非常大。2016年，俄罗斯的方便面消费量增长了26%，韩国、日本的消费量增长了3%～4%，只有中国大范围地减少了20%～30%。其中最大的一个原因就是中国的互联网和交通的高速发展。例如，原来从深圳到长沙需要8～10个小时，会跨过一个正餐时间，大部分人会选择吃方便面。今天从深圳到长沙只要3个小时，可能还没感觉到饿，就到达目的地了。另外，过去人们半夜加餐的时候，很多人会选择泡方便面吃。现在手机上一点，外卖很快就送到手上了。由此可见，中国的互联网和交通的高速发展给整个产业带来了巨大的变化。

每个时代都存在由于某些变化而对整个世界产生深远影响的现象。例如，19世纪铁路的出现和汽车产业的快速发展，极大地提高了人们的出行效率。在此之前，大部分的交通出行靠马，这在当时也催生出一种庞大的"职业"——钉马掌匠（见图1-1）。他们活跃在街头巷尾，以马为主的交通方式也解决了很多人的就业问题。

图 1-1　钉马掌匠

随着技术的不断进步，一些传统职业遭到了巨大冲击，如马夫、铁匠和钉马掌匠，这些职业正在消失。于是，人们转行去做能满足时代发展需要的工作，如现在的配送业务。新华社发布的统计数据显示，"饿了么""美团外卖""百度外卖"三家外卖平台的注册人数超过400万，其他众包物流平台的兼职外卖小哥也有300多万人，全部加起来达700多万人。2017年外卖产业经济规模近2000亿元。这就是互联网带来的改变之一。互联网也创造了很多不同的职业吸引人们转行。也就是说，有互联网介入的生意和传统的生意相比,完全是非对称性的竞争。

多年前,单仁策略班有一位学员面对世界级产品带来的机会,悄悄向自己的竞争对手发起了一次非对称性的竞争。这位学员经营笔记本电脑和电子元器件生意,在深圳华强北有7家店铺。

当时老师在课堂上讲了IBM X61的例子,这位学员听完课之后,一个半月的时间就把自己的7家店铺全部转让出去,然后在华强北旁边稍远处租了一间办公室,这是因为这个地段的租金相对便宜。他建了自己的网站,用X61作为关键词开始优化网站。那时候很多人出门看到IBM广告牌在宣传X61,就会上网搜X61,这时就会搜到这个学员的网站。但他又不是卖这个产品的,让别人通过搜X61找到他有什么用呢?

当时,世界上大部分知名品牌的电脑,在华强北都有总经销,IBM总经销处就在这个学员的办公室隔壁。他和总经销商谈合作,按照内部行价从总经销那里拿货,一台可以赚2000元。只要网上有客户找他下单,他就把订单转给IBM总经销商,总经销商会帮他发货。这样他就不用直接从总经销处拿货,也就不用去申请代理权,不需要充足的资金和员工了。

后来,IBM广告牌到期了,诺基亚公司的一款新产品N97开始做广告,于是他重新改版网站,用N97作为关键词,按照和IBM总经销商合作的模式,继续同诺基亚做生意。

就在IBM、诺基亚的零售商花着店租、请着店员、付着广告费、担心客户不来逛店的时候，已经有人跟他们做了一场非对称性的竞争。

有人可能会问，他有IBM的经销权吗？他有N97的代理权吗？这样做会侵权吗？答案是不侵权，因为X61不是注册商标，它只是一个型号，任何产品都可以有一个型号叫作X61，这个是企业自己定的，也就是说，企业网站里写X61既不违法，也不侵权，写N97也一样。

所以，互联网能够直线提升企业效率，企业+互联网的核心就是提升效率。俗话说：不管你是少林拳还是武当拳，在手枪面前都是一样的结果。

第二节 互联网颠覆你的经营模式

近几年，与电商有关的央视新闻评论基本都在讲新经济、新产业的转型及互联网带来的业态变化。其实，有时候很多行业的变化不是由行业内部的竞争造成的，而是被其他行业改变的。下面我将以自己的亲身经历为例，讲述眼镜行业的变化，分析互联网是如何颠覆传统行业经营模式的。

2012年，我和家人去拉斯维加斯旅游，想顺便在当地配一副名牌眼镜。当时眼镜架的价格就高达1600美元（按照当时人民币对美元汇率，约合人民币1万元），我没舍得配镜片。回国之后，我又花了3000元配了一副镜片。整副眼镜加起来，大概花了13 000多元。当时我就想，等再配眼镜的时候，肯定不在线下配了。2017年3月，我需要重新配眼镜，这次我首先想到要在网上配。

我开始在手机上搜索有关配眼镜的广告。今日头条给我推送了一条广告："深圳为什么流行防滑眼镜？出汗不滑，狂甩不掉！"我第一次看到这个广告的时候，很自然地滑过屏幕，后来这个广告又弹了出来："眼镜怎么动都不滑，如配镜片，镜架永远免费。"上一副镜架花了我1600美元，这个镜架竟然免费送，当时我就觉得这个不错！于是我点开广告链接，看完介绍之后，我发现这正是我想要的眼镜。接下来，我只需要按照提示完成预约验光就行了。这样，整个购买过程就结束了。没错，它没要求我付钱。几分钟后，我接到了商家的电话，约我在一个方便的时间、方便的地点验光。

到了约定的那一天，验光车来到我们小区楼下。所谓的验光车，其实就是把面包车里的部分座位拆掉，然后放上一台验光仪。我验光的时候，听到司机在前面不停地打电话跟顾客预约。

验完光，验光师拿出一盒镜架，让我挑一副最喜欢的，免费送给我。挑完之后，他又建议我再配一副黑边框的眼镜，说这样会显得我更年轻。我问要钱吗，对方说不要钱，再送一副给我。

两个镜架挑完了，接下来就是镜片的问题了，对方建议我配一副比较好的镜片，可以降低眼睛的疲劳度。他告诉我，我之前的这个镜片，在他们那儿也就1000元钱出头，因为他们是厂家直销。也就是说，只要1000多元钱，连镜架带镜片就搞定了，两副眼镜也就花了2000多元钱。和上一副眼镜一比较，我就感觉这个特别划算。

这家眼镜公司的线上流程设计得非常合理，整体体验特别好。于是，我找到这家公司的创始人马金同先生，向他请教公司的大致情况。他们每辆车配备两个人，每车每天可以收到7~15单，每份订单平均配镜数量在1~3副。从客单价来说，三四线城市为300~500元，一二线城市为800~1200元。按照深圳地区的客单价来计算，一辆车一天可以收入1万元左右，一个月就是30万元，一年就是360万元上下。也就是说，一个线下眼镜店的业务量基本上和这家公司一辆验光车的业务量相等。

我们先来了解一下这家公司，这家公司叫伊视可，创立于2010年，在上海以"验光师上门配眼镜"模式试水市场并逐渐升级发展起来，目前已经覆盖全国近50个核心城市，拥有数百台验光车。

验光车目前主要有两种服务模式。一种是针对企业团体的配镜服务，如腾讯、百度、阿里、网易、华为等都会定期或不定期地预约伊视可验光车上门配眼镜，一台车每天在一个企业最多可以配近百副眼镜。另一种是针对个人预约的配镜服务，就像我这种消费者。

同时他们用的是移动端网络，像我们这些买眼镜的，基本上不会用电脑去查资料，而是通过手机去寻找，所以他们就用移动网络重新塑造眼镜行业。聊天中，我问道："眼镜架送给我们，公司是要赔钱的吧？"他说，他们现在整合了眼镜行业的很多资源，如在温州收购了一些镜架厂。市面上卖500元、600元甚至800元钱的镜架，实际成本也就是50元左右。所以说，送一副镜架也就是50元钱的成本，但是卖一副镜片肯定不止这点儿钱了。这副镜片如果卖给眼镜店也就是五六百元钱，但是卖给我就是1000多元钱。

这家公司实际上是把整个产业链重新构建了。作为用户，到眼镜店一般是先去找价位合适的镜架，之后再去选镜片，谈验光，基本上是这样一个过程。而伊视可把整个链条重新构造后，在整个价值链当中，眼镜架不赚钱，赚钱的是镜片。对伊视可来说，它的竞争对手很明确，就是线下眼镜店。线下眼镜店的镜架和镜片都赚钱,而伊视可通过网络营销,把原来给眼镜店的利润让给消费者,也就是用一个比较好的批发价卖给消费者,把一部分利润拿回来而已,这就是它的生意逻辑。现在,他们在全国很多城市都开展了业务。

通过伊视可公司的案例我们可以看到,抢走眼镜店生意的是街对面那家店吗?不是!这里面有一个重要的逻辑,抢走线下眼镜店生意的不是街对面的那家店,事实上是原来供应链当中的供应商用互联网重新架构了自己的经营模式,尤其是销售模式,这就是今天整个市场的变化。

迫于供应链的变化,武汉德立固材料股份有限公司也成功转型,董事长周章瑛分享了她的互联网思维转型之路,非常值得大家借鉴。

周章瑛2011年走进单仁资讯,7年时间里,她认为自己最大的收获是网络营销改变了她的思维,她带领公司开始了一系列转型升级。学习网络营销之前,周章瑛在武汉提供本地化的服务,用传统的方式做市场。之后,她开始通过互联网,以经销商的身份销售产品,打破了原来只在本地销售的局面,将产品销往全国。

企业在转型之初,网络营销做得很不错,但到了2013年年底，开始出现"瓶颈"，主要是因为供应链中的厂家也认识到了网络营销，他们是厂家，有自己的品牌，这时经销商就很尴尬了。周章瑛这时意识到，网络营销做得再好，没有品牌就会制约企业发展，于是，她在2014年又开始转型，投资建厂，生产混凝土密封固化剂。

以前，她以经销商的身份做销售，现在上升为厂家，有自己的品牌，这3年时间里发展得非常快。周章瑛学了互联网的运营模式，把企业+互联网发挥到极致。首先，通过互联网在线上进行布局，建有几十个网站，包括商业模式也是以互联网为开端，在互联网上进行招商。周章瑛招商最核心的优势就是能够帮加盟商做网络营销，她利用互联网的分享思维，不仅仅帮加盟商做网络营销，同时还带着加盟商一起做，让加盟商自己学会网络营销。这样加盟商不仅能拿到品牌和产品，更重要的是，他们还掌握了承接工程的方法。

考虑到这是一个很小众的产品，要打开市场可能会很难，周章瑛从2015年开始，已经举办了3次免费技术培训，帮助经销商学习推广方法，利用核心技术使企业的项目盈利。

因此，传统企业要转型，不是简单嫁接互联网的翅膀，而是要转变思维，利用互联网重构经营模式，才能给企业带来巨大收益。

第三节　互联网大大降低你的经营成本

伊视可这两年在国内眼镜行业做得特别火，透过伊视可，我们可以看到互联网对整个中国传统行业的影响，以及传统行业面对外界变化时的经营之道。未来，传统企业必须跟互联网挂钩，利用互联网去发展自己的业务。

追根溯源，我们先来看一下，随着移动互联网，尤其是电子商务在中国的高速发展，我国眼镜店在2004～2014年这10年的数据变化。

2004年，中国人口总数是13.1亿人，眼镜店总数是4万家；2014年，中国人口总数是13.7亿人，眼镜店总数是6万家。10年间，人口数量增加了5%，而眼镜店的数量增加了50%。这个数据说明了什么问题呢？说明需求没有增加太多，但是供给增加了很多。而在供给当中，眼镜店一直用旧有方式，不断去重复它的业务。但是，互联网在另外一条路上却跑得很快，从2004年开始，尤其是淘宝落地之后，整个电子商务已经高速成长起来了，而很多传统企业并没有应对之策，还是习惯用原来的方式开店，这是一个很大的问题。

线下眼镜的门店数量2011～2014年快速扩张后，2015～

2017年则处于缓慢增长阶段。根据易观数据报告，2004～2014年中国电子商务年复合增长率超过90%。这相当于每一年都在翻倍增长。随着电子商务的基数增加。2015～2017年的复合增长率降低到21%。但是，中国传统眼镜行业的规划发展方式和这种趋势刚好相反。

下面我们再来看一下这个行业消费者的情况。从2004年到2014年，眼镜行业的消费者一直在分化，分化的逻辑很简单。例如，第一种，上小学或者初中的孩子，有一天回家跟妈妈说，看不清楚老师在黑板上写的字。妈妈一听肯定很紧张，担心孩子的眼睛是否有问题。如果孩子总是看不清楚黑板上的字，成绩岂不是会下降？妈妈肯定会赶紧带孩子去眼科医院检查。眼科医院，一定卖眼镜。因此，这类消费者更多的是选择线下眼科医院。第二种主要是80后和90后，他们通常会在网上寻找信息，被称为互联网的"原住民"，他们去线下店的比例越来越低。第三种是45岁以上的中高端人士，有一定的消费能力，喜欢去品质比较高的眼镜店购买眼镜。由此可以看到，线上和线下都在抢用户。

这几年，线上眼镜店的增长速度非常快。当然，增长快的品类确实有特色，这个特色是什么？前面提到线上卖眼镜的伊视可公司，它只有8辆面包车，在深圳一天接30单，而一家线下店铺一天通常只能接10单。线下业务当中有租金、装修费、水电费和库存等，覆盖范围也非常有限，只有 2～5km 的商圈。但线上眼镜店没有租金，花点钱买一辆面包车就解决了，也不需要装修。线上眼镜店，验光师加上司机就搞定了，不需要那么多人；而线下眼镜店一般要 2～6 人，不管有没有顾客到店，都得守着店铺，开着空调和灯光。下面的数据对比分析表（见表 1-1）更能一目了然地说明问题。

表 1-1　线上、线下眼镜片费用对比分析表　　（单位：元）

费用名目	线下眼镜店	线上眼镜店
店铺租金	年租金 30 万～50 万	无租金，节省 100%
店铺装修	平均 36 万	一次性装修，节省 90%
人员薪金	年支出 40 万	独立验光师，节省 80%
设备投资	12 万	投资 + 共享，平均 8 万
水电耗能	年均 10 万	无费用，节省 100%
产品库存	平均 15 万（按进货价算）	集中库存，节省 60%
营销费用	年平均 5 万（含礼品）	网上营销，节省 50%
店铺辐射范围	2～5km	无边界，范围更大

不难发现，整个线上营运成本跟线下相比就不是一个等量级。线上、线下店铺的竞争方式是完全非对称性的，同样做完一单生意，抛开引流成本，从营运成本上看，虚拟环境下的线上交易成

本相对要低很多,所以线上店铺能够迅速发展、壮大起来。

 本章小结

1. 企业+互联网的核心就是提高效率。

2. 传统企业走向互联网是大势所趋。这条路不得不走,一定要走。

3. 未来,传统企业必须跟互联网挂钩,利用互联网去发展自己的业务。线上、线下的竞争方式完全是非对称性的,虚拟环境下的线上交易成本相对来说要低很多。

4. 传统企业要转型,不是简单地嫁接上互联网的翅膀,而是要转变思维,利用互联网重构自己的经营模式。

第二章
你的企业能不能与互联网结合

虽然互联网在中国已有22年的发展,但人们对互联仍存在很多误解。例如,你问他"互联网"是做什么的,他可能会说"在网上卖东西而已";或者你跟他提电商,他说"在网上卖东西,只有淘宝才叫电商"。为什么人们对互联网的认识如此片面?怎样才能知道自己的企业能不能在互联网上做营销,自己的产品和服务能不能在互联网上销售呢?

第一节 互联网侵蚀传统企业的过程

随着互联网向全行业的不断渗透,许多行业发生了巨大变化。较为明显的是,大量的线下加工厂遭到严重冲击。为什么很多公司在经营当中没有产生很高的警觉?为什么没能发现危险所在,快速应变呢?

在具体讲述互联网对传统产业的冲击之前，我们先来看一下互联网发展的三个阶段。

第一个阶段是从 1995 年到 2004 年，叫作"信息互联网时代"。1994 年，我国实现与国际互联网 TCP/IP 全功能对接，成为全球互联网大家庭中的一员。从此，中国开始进入全球互联网的信息网络时代。今天我们回看这个阶段创立的那些公司，如阿里、百度、新浪、网易、腾讯等，这些都是跟信息有关的企业。

第二个阶段是从 2005 年到 2014 年，叫作"消费互联网时代"。2003 年，淘宝开始落地，从那时候慢慢进入第二个阶段。所谓"消费互联网"，就是把个人用户引入互联网，使其从网上购买日用消费品，用互联网替代线下的一些传统渠道。消费互联网，尤其是我们常说的 B2C 电子商务，从开始落地，增长速度就超过 170%，而且一直在高速增长。

第三个阶段是从 2015 年到未来的 2024 年，叫作"产业互联网时代"。产业互联网时代有一个标志性事件——2015 年，第十二届全国人民代表大会把"互联网+"战略上升为国家战略。在产业互联网时代，除了个人生活必需品的互联网消费，大量的产业还需要找到与互联网的结合点，这是一个不同的阶段。

遗憾的是，过去很多人对互联网的某些理解是错误的。例如，你问他"互联网是做什么的"，他可能会说"在网上卖东西而已"。

事实上，很多企业过去之所以跟互联网若即若离，不是因为互联网不能解决他们的问题，而是他们认为互联网解决不了问题。这些企业过去总认为自己的生意跟一般的消费品是不同的，好像客单价比较低，只有几百元钱或者一两千元钱的产品，才有机会在互联网上直接销售。实际上是这样的吗？为什么很多公司在经营当中没有产生很高的警觉？为什么没能发现危险所在，并快速应变呢？这是因为互联网对产业的冲击绝对不像海啸那样，十几米的海浪扑面而来，让你立刻预料到随之而来的危险。互联网的冲击是微风式的，企业压根儿感受不到。所以，很多产业在受到互联网大浪的冲击直至"大厦将倾"的时候，才意识到"互联网这个行业不得了"，但这时行业已经发生了很大的变化，再想改变为时已晚。

　　从互联网对传统企业的冲击特点可以看出，互联网不一定能解决整个流程的问题，但一定可以解决一些重要的阶段性问题。下面我们将从两种冲击范式的角度，分析互联网逐渐"侵蚀"传统产业的过程。

一、第一轮冲击——切割品类

　　互联网的第一轮冲击叫作"切割品类"。2004年，支付宝出现之后，解决了互联网交易当中双方的信用问题。阿里巴巴于2014年9月19日在纽交所重新上市，上市那天，央视差不多做了 3 个小时的直播。要知道，央视之前从来没有对一家上市公司做过直播。我作为点评嘉宾，也讲到了阿里巴巴对中国甚至对全世界未来会作出很大贡献。买卖双方在商业领域的信任度还没有完全建立起来，大家互不信任，尤其是在虚拟交易当中。而支付宝的出现，很好地解决了这一难题。

对于互联网上的交易单价，我们在研究所有的交易转化率时，会参考三个很重要的消费节点：一个是 500 元钱，另一个是 2000 元钱，还有一个是 5000 元钱。单价超过 500 元钱，消费者购买的意愿立即会下降；单价超过 2000 元钱，消费者的风险意识会提升，交易过程一旦出现问题，就会有损失，这时候消费者的购买意愿下降的速度会加快；单价一旦超过 5000 元钱，整个在线交易的意愿，尤其是陌生的第一次交易，会垂直下降，几乎跌到了悬崖边上。

这是一个什么概念呢？简单来说，就是消费者要花 5000 元钱买你的产品，假如他跟你不是特别熟悉，以前也没有在你这儿买过，对你还没有建立完全的信任，即使他喜欢这件产品，也不会去买。这种虚拟环境下远距离的风险偏好，在互联网上是很突出的。所以，过去在互联网上进行的交易，基本上都是那些比较简单的低价交易和标准化交易，高价产品很难产生较多的交易机会。最早在 2007 年，海尔团队就尝试去做互联网。那时他们在互联网上卖的是小家电，大的电器不在网上卖。京东在2009年之前销售的基本上是电脑周边配件，也就是电子产品，大家电也不会在网上销售。

在这段时期，互联网的冲击主要是针对线上简单的品类，如眼镜行业当中不需要验光的产品。眼镜相对来说单价不会太高，基本上线下几千元钱，线上几百元钱。2016年，网上眼镜店的交易额在250亿元左右，70%以上其实都是这类销售，主要是平光镜、隐形眼镜、护理液和太阳镜，不需要验光，相对来说流程比较简单，容易决策。因为验光是个性化的业务，在互联网上很难解决这个问题。所以说这几年，类似线上卖镜架这样的业务，比例比过去高了一些。

二、第二轮冲击——切割流程

随着大家对互联网的熟悉，尤其是对某些平台的信赖度提升，高额交易慢慢进入我们的视野。所以互联网的第二轮冲击叫作"切割流程"，这是互联网在整个产业当中特别重要的一个过程。

还是以眼镜店为例，通过我配眼镜的过程，你会发现，这家眼镜公司把整个配眼镜的流程做了一个很好的切割。很明显，我会先找镜架，配眼镜一定是先找镜架的，这副镜架我喜欢，我再跟你谈镜片、谈验光的问题。于是，他们把这个过程做了一个很好的切割。这个切割是什么？首先是把镜架、镜片、验光的整个流程做切割，切割之后再把现成的镜架搬到互联网上去交易，这是买眼镜的第一步，而且它最吸引顾客的是免费送镜架，这是一个很重要的模式设计。由镜架去找精准客户，通过这个来吸引客户去预约验光，进而接受整个产品，这是很重要的逻辑。其次是把交易放到线下，去完成验光。由此可见，互联网没有把全部的个性化交易都解决掉，而是把它的流程做了很好地切割之后，将一部分通过互联网展现出来，一部分交易留到线下去完成。

不要试图在整个互联网上谈所有的生意。例如，病人从互联网上找医生看眼睛，远距离把眼睛看好了，就今天的技术来说，这个不现实。未来有一天也许能通过互联网做诊断，但是手术还得回到线下去做，这就是我讲的互联网不一定能解决整个过程，但一定可以用它来解决一些重要的阶段性问题。

第二节 你必须知道的互联网交易范式

在整个网上交易过程中，互联网除了给用户带来特定的经济价值，即价格便宜之外，还带来了时间价值，因为网上消费大大节省了用户的时间，如网上订餐。

互联网最终给用户提供的是一个综合价值，从而产生了相对的竞争优势。例如，前面讲到的配眼镜的例子，即使镜架不免费，我以后也会选择他们，为什么？因为我只要在手机上一操作，验光车就开到我家楼下了,我不用专门为了配眼镜到处去找眼镜店。所以,企业未来设计模式的时候,在整个价值链当中,一定要体现出对顾客有价值的部分。

基于品类切割和流程切割,互联网上有两种重要的交易范式。

一、第一种交易范式——直接成交

直接成交,如在网上发现自己喜欢的产品,直接网上支付,然后配送到家,整个交易过程相对来说比较简单,消费不高,同时是标准化的交易。再如,去照相馆照相,选用不同的风格款式,去不同的地方拍不同的内容,定价就会不同。我们完全可以把顾客这种个性化的业务演化成标准化的业务,通过互联网来展现和销售。

直接成交有什么特点呢?第一,交易的产品基本都是小商品,相对来说金额不大,即使被骗了也没有太大损失;第二,用户决策比较简单,有需要就直接下单;第三,标准化交易。

淘宝一个很大的创新就在于把服装放到网上去销售。较早在网上交易的是图书之类的商品,比较简单,不分男女老少,这本书就是这本书,谁看都是一样的,完全标准化。但衣服不一样,马云选择的入口品类是女装,这在交易里面是很个性化的,包括颜色、尺寸、款式,把它们放在网上去销售,这是一个很重要的创新,当然也是在不断的摸索中前进的。2003年淘宝刚落地,那时候80后是整个互联网消费的主力军,他们大学刚毕业,工作没多久,有的是时间。他们也不需要家人帮忙做选择,自己就可以做决定,没事就逛淘宝,是淘宝特别精准的客户。

直接交易是互联网交易范式中最容易理解的,我们今天特别熟悉的淘宝、天猫、苏宁、京东等,都属于在网上直接交易的例子。

二、第二种交易范式——间接成交

什么是间接成交?网上配眼镜,这个就属于间接成交,它没有产生交易,我没有在网上付钱,而是在线下完成验光、挑选镜架、付款。这种模式主要是在线上做推广,接触潜在用户,同时获取客户线索,然后去线下完成交易。这种交易无法通过互联网一次性完成。

长沙智粮农业是湖南省的五星级农庄,每年的网上的营业额大概有1000万元。董事长颜彦很早就通过单仁资讯接触了网络营销,当时行业面利用互联网来做销售的特别少。

农场是体验式消费,更需要个性化的交易,他们的交易方式更多的是间接成交。客户会在农场的网站上寻找自己需要的资讯,如果觉得这些资讯能够满足自己的需求,就会主动通过互联网沟通平台跟农场取得联系，接下来农场会邀请客户到现场来参观，参观之后，如果觉得没有问题，就会达成现场交易。

当然也有很多客户不一定非要到现场来看场地，可能直接就在网上成交了，因为他会研究农场的很多案例和资料，来了解农场怎样开展活动。农场会给每一个客户规划活动方案，让客户不用亲临，也能够知道自己来到农场可以做哪些活动，这样很多客户就会直接在网上下订单。

不管是在网上下订单，还是来到现场看完场地之后再下订单，这些都源自网络营销，直接成交和间接成交都是典型的互联网成交范式。让每一个企业都可以在网上找到自己的入口，我把这种现象叫作"野百合也有春天"，意思是当春天来临的时候，不管是野花、小草还是大树，都能沐浴到阳光，雨露均沾。

三、互联网帮你筛选精准用户

2017年，中国电子商务交易总额为29.1万亿元。其中，零售交易额为7.1万亿元，占比约24%，属于直接成交的范围；其余22万亿元属于间接成交，占比约76%。很多公司，单个订单至少是上百万元级别的，对于这样的生意，过去很多人都认为不可能在网上下单，这可不像买件衣服那么简单。尤其是要通过各种努力才能拿到的订单，如跟地产商合作，这样的生意怎么可能在网上下单呢？实际上这是一个特别大的误区。无论做何种生意，最难的不是谈价格，而是找到有需求的顾客！茫茫人海，在众多用户当中，你并不知道谁有需求。交易当中，我们通常会花80%的时间去找人，这是交易结构中最难的环节。而互联网最大的好处就是可以通过捕捉信息，看谁浏览过你的网页，从中筛选出有需求的人群。

用户在互联网上的行为，有着非常重要的指标性作用。只要有用户点击你的页面，你大概就知道这个人是有需求的。如果他浏览你的页面超过一分钟，说明他肯定对你的产品有浓厚的兴趣。如果只看了10秒，说明他可能只是想了解一下，没有去深度了解的兴趣，那他就不是你的精准顾客。

互联网未来大数据的有效性会特别高，利用信息快速捕捉目标，然后精准沟通，原来需要几十个、上百个业务员，现在也许只要三四个人就可以解决问题。

很多公司虽然技术和产品非常好，却不懂得如何在网上有效地呈现这些优势，不懂得如何让需求方快速找到自己，这是整个互联网市场上一个很大的问题。这和网站规划有很大关系，我们来看一下鹤山市丰雨顺户外用品有限公司是如何通过良好的呈现，在短短6个月时间内，网上业绩便实现了1000万元。

丰雨顺是一家专注于广告行业伞、篷定制，以生产、加工、销售为一体的发展型公司,通过互联网与洋河酒业、加多宝、河南仲景药业等知名企业合作。总结起来,他们在网站的规划上,有 5 个方面值得我们借鉴。

• 效率性

网站可以呈现公司规模和专业性,如设备、资质等真实材料。以前是客户直接从外省过来考察,现在依靠互联网则可以节省客户的时间和费用,交易效率可以提高50%。

• 专业性

网站要多样化地呈现产品的结构、材质等。以前在没有网站的情况下,客户如果需要了解产品结构,往往会通过打电话、发信息询问,这样客户反而无从下手,因为不是每个客户都熟悉这个行业,客户只有先了解了产品的基本结构,才能继续交流下去。因此,网站要很好地展现出产品性能,让客户了解更多的情况,销售员在与客户交流时就可以缩短介绍产品所需的时间,更加快速地达成交易。

• 真实性

在网站上呈现公司的真实图片、视频,甚至法人照片、公司地图等真实资料,等于上传了公司的"身份证",让客户清楚认识到企业不是虚假的。在与同行条件差不多的情况下,这有助于客户优先选择丰雨顺公司,而且会有效减少客户在交流当中的重复性质疑。

· 服务性

网站给出了丰雨顺公司所有的联系方式，让客户无论浏览哪个页面、哪个产品，随时都可以联系到客服。

· 精准性

网站呈现客户来源地区、搜索产品关键词、观看产品次数，为分析客户、筛选关键词提供有利数据，便于精准投放广告，带来优质客户。

由此可见，在经营当中，你能够让用户或者有关人员获得企业信息的多寡程度，可能会给对方的决策带来很大影响。

本章小结

1. 中国互联网发展的三个阶段：

第一阶段（1995—2004年），叫作"信息互联网时代"；

第二阶段（2005—2014年），叫作"消费互联网时代"；

第三阶段（2015—2024年），叫作"产业互联网时代"。

2. 在产业互联网时代，除了个人生活必需品的互联网消费，大量的产业要找到与互联网的结合点。

3. 互联网对传统企业的冲击不是海啸式的，而是微风式的。

它的冲击过程分为两轮：第一轮冲击是切割品类，第二轮冲击是切割流程。

4. 基于品类切割和流程切割，互联网的交易范式分为直接成交和间接成交两种。

5. 互联网不一定能解决整个过程，但是一定可以用它来解决一些重要的阶段性问题。我们必须明白，不要只去追求完成"直接成交"的网络营销，而忽略"间接成交"。通过线上实现某些功能和作用帮助我们去提升效率，而线下去完成某些功能，去达成我们最终想要的结果。这就是未来新零售、新交易、新经济的本质。

6. 做生意最难的是找到有需求的客户，而互联网能够帮助你筛选精准客户。

02

思维方式

变：扔掉旧思想，跟上互联网

随着互联网经济的发展，传统企业纷纷加入互联网的行业进行转型，但很多企业在转型这条路上走得相当曲折。究其原因，老思想加新模式解决不了新问题，也就是说传统企业要想进行转型，不改变思维方式，只利用新的模式是解决不了实质性问题的。因此，传统企业在转型的时候应该先进行思想转变。

第三章
如何打开互联网的大门

未来企业要自己去找用户。以前,这只是企业的基础业务,但以后这个重要性会越来越高,会变成主流业务。因此,企业必须慢慢建立一套系统,通过互联网来获取用户。

对很多企业来说,较难做到的是如何在互联网上展示自己。现在有很多平台,也有很多方式,如何选择一个适合自己的平台和方式呢?这就要看你有没有互联网思维,能否用互联网思维思考和解决问题了。

第一节 "无远、无界、无我"的思维

"无远、无界、无我"是企业进入互联网时必须要掌握的思维。每个企业都有自己的商业特点,要想知道哪些平台和方式更适合自己,就要考虑是否和企业的发展目的相符。我给大家分享

一个学员的案例,看看他是如何根据企业特点选择互联网工具的。

这位学员来自山东济南,主要业务是卖摄像头,以前他的主要盈利点是赚差价。有一天他忽然意识到,如果能够用手机遥控摄像头,使用起来就会更方便,于是他们开发出一款APP。用户买了他的摄像头,关联APP后,不管在哪里,只要点击APP,都可以遥控家里的摄像头,还可以调整聚焦、视野大小等。4年的时间,公司在网上卖出400多万个摄像头,而APP下载总数竟然有300多万,平均每天都有50万用户在使用这款APP。

后来腾讯的团队跟他沟通,只要他把入口给腾讯,腾讯每天都会给他1.8万元的入口费用。这意味着他什么都不用做,每天都会有1.8万元的收入。腾讯为什么要这么做?这是因为他的摄像头用户群特别精准,一般都是摄像头装在家里的个人用户,只要把入口给腾讯,腾讯就可以在上面投放广告。

这个学员以前卖个摄像头很难,后来发现免费送摄像头很有价值,他现在什么都不用做,一年就有700万元的收入,这里APP是关键。就像当下的共享单车,通过定位用户经常从哪里骑到哪里,什么时间骑,其实已经识别出这个用户了。找到这个定位之后，APP 的入口就非常有价值。摩拜和 ofo 在整个深圳下载量大概有 1000 万人次，日活跃量大概有 200 多万人次，价值巨大，很多公司会通过这个入口整合广告资源。

作为企业负责人，你只有理解了从线下到线上整个环境的变化，才能理解什么是"无远、无界、无我"的思维。

一、"无远、无界、无我"的思维

1. 区域化的经营之变——"无远"

"无远"是指从有限地域变成无限地域，这是一个很大的变化。我从 2003 年开始介入互联网，那一年我建立了网站，在互联网上卖书。每天上网搜集大量的邮箱信息，然后把我们要推广的产品变成邮件，甚至加上我们网站的超级链接，用邮件营销的方法让顾客去了解更多的产品。那时，我的想法就是中国有那么多的省、市、自治区，通过传统营销进行全部覆盖不容易，但是通过互联网就能做到。

可以想象，当年在线下，你的产品到达哪里，你才能接触到哪里的用户；到达不了，就很难接触到当地的用户。所以过去的经销模式，更多的是依赖地域化的经营方式，要经过很多层商业环节。但是，在互联网上完全没有界限，只要有互联网，就可以覆盖全球。

浙江金华有一家做小家电的企业,他们自己设计产品,交给别人加工,通过义乌批发市场销往全球。当年,企业负责人跟我说,她想打开印度市场。我建议她在互联网上搭建一个英文网站,借助谷歌印度的搜索,用"小家电批发""电风扇批发""电饭煲批发"这类关键词做推广,这样会很容易找到想找工厂批发小家电的渠道类合作商。

她按照我的建议建立了一个网站,在印度做推广,短短两个月的时间,就接到了订单。买家是印度最大的商业连锁公司,他们准备开一家新店,要采购一批小家电。他们在全球进行搜索,希望找到中国的供应商。果不其然,他们在印度用谷歌进行搜索的时候,竟然找到了她,而且很快就建立了合作关系。

这位负责人从来没有去过印度,就是用互联网连接了跟印度之间的关系,和印度最大的商业连锁企业搭建起合作的通道。

我国有许多产品的性价比很高,在全球都有很大竞争力。随着中国文化走向全世界,未来各个方向的业务,包括医疗服务,都可以面向全球用户,并向他们提供高端服务。从这个角度来说,互联网是一个非常好的桥梁。

2. 跨界是网络经营者必须思考的问题——"无界"

第二个变化是从"有界"到"无界"。过去做生意,尤其是和中间商做生意，很多时候对方会认为你们企业只做这个业务，没有其他业务。比如，这家就是卖医疗器械的，那家就是卖房子的，另一家就是做铁艺的。所以我们过去在中间环节做销售，很多时候只能在有限的范围内做生意。

举个例子，有一家服装公司要在百货商场里面设一个柜台，百货商场规定这家公司只能在服装楼层卖服装，其他什么产品都不能卖，因为"服装公司只能卖服装"。这时，从界限上来说，行业界限是非常明显的。很多人，尤其是公司的创始人或者老板，很可能就在自己的这个行业一直做下去，正所谓"干一行爱一行"。

互联网上却不是这样，因为互联网是没有行业界限的。例如，社区平台可以先从一般的服务开始做起，如快递，让买家很方便地收寄物品。等到买家频繁使用这个APP或者界面时，平台还可以提供代买水果，支付煤气费、水费、电费等服务。过去的行业会有很严格的专业分工，现在互联网给企业带来了很大的改变。

互联网最大的好处是没有界限，它挣脱了"原来我就是卖服装的"这种观念的束缚。关于界限的问题，我们原来可能只是自己在做产品，但是进入互联网之后，就要懂得如何在原有行业界限的约束下，去有效拓展线上资源。

2006年，我们开始研究美国的一家企业。虽然它只是一家普通的企业，但是发展得非常好。这家企业在美国有12家大型连锁店，每个店铺的面积都在500～1000平方米，专门销售单价在300～600美元的高端休闲女装。他们之前一直是线下销售，2007年开始，逐渐从线下转向线上。他们转型的方法很特别，当年还被《时代周刊》评为可以影响世界的十大商业模式之一。

女士们来到这家企业的线下服装店，可以随意寻找、试穿喜欢的衣服，这是典型的线下店的销售模式。但到最后一步便有区别了，当她们去结账的时候，收银员会问一个问题：是不是会员。如果是会员，可以用比实体店更优惠的会员价从企业官网上购买挑选的服装；如果之前不是会员，现场办理成为会员，也可以享受优惠。例如，这件衣服标价是450美元，如果顾客通过店铺的电子设备从网上购买，就可以享受10%的优惠，也就是说可以省下45美元。同时店铺会以顾客的名义，把另外10%（45美元）捐献给慈善基金会，顾客愿意捐给谁就捐给谁。捐款之后，他们会给顾客开一张收据。也就是说，每卖出一件衣服，企业会让利90美元。

无论顾客来自哪个国家、哪个城市，企业都希望顾客离开店铺之后还有机会继续与其做生意。当然，实体店的衣服顾客是不能拿走的，企业会从中心仓库发货，两天之内免费送到家，大约

60%的人都愿意选择送货上门。如此一来，企业也就获知了顾客的邮箱、手机号码等信息。

2009年，他们在网上增加了男士休闲装。2010年，线上店又增加了儿童休闲装。一家三口买同一个风格的休闲装，对于女士来说，只逛一个店，就可以为一家人购置服装。2012年，线上店又增加了可以搭配休闲服的配饰和包。这个平台慢慢变成了一个主打女装，再加一部分男人和儿童休闲服装的商城。

这里有一个关键，他们收集到顾客的邮箱，不管顾客来自哪里，企业都会给顾客发邮件，满足顾客一年四季的穿衣需求，为顾客提供有温度的服务。如果顾客不在互联网上购买，企业以后就无法联系到顾客，也就无法再和这位顾客做生意。只要顾客在这儿购买了，企业虽然这次损失了90美元，但以后会有更长久的生意可以做，这就是互联网有机会连接顾客的地方。

另外，这家企业的线上店增加了那么多种品种，那它的线下店有没有增加品种呢？答案是没有。如果线下店也增加那么多品种，就会变成杂货店，失去竞争力。另外，线下店增加男装、童装或者配饰，就减少了女装的空间，女性顾客慢慢可能就不再去那儿选衣服了，企业在线下的竞争力又会减弱。因此，线上跨界，但"线下要有界"，这样在有限的空间、有限的场景之下，才能保持竞争力。

3. 用户中心化和场景化思考——"无我"

对很多公司来说,互联网转型的关键,不在于技术、方法、工具和平台,而是要了解自己的核心能力在哪里。很多公司只是停留在表象上,忘记了自己的核心,站在经营者的角度、自我的角度思考问题,做着做着定位就出问题了。

在整个生意当中,尤其是当面临的可能不是几万、几十万、上百万用户,而是以亿为单位的用户时,企业怎样才能找到一个非常有特色的点切入市场?答案是品类。这是一个从"有我"到"无我"的很重要的元素。很多公司过去积累了几年、十几年甚至几十年的经验,形成了有特色的产品。这个特色产品就是顾客对你的认知或者对你的选择,让你进入互联网后有机会跟对手去竞争。

品类是一个非常重要的概念,这个概念既可以是医疗器械,也可以是房子,甚至还可以是社区服务,通过品类找到入口,也就是触点。触点是企业接触买家的桥梁,通过触点,企业最终找到用户、了解用户的状态。比如,在装修过程中,用户对地板的需求肯定处在整个装修环节的最前端。商家如果有机会接触到用户,就可以尝试把墙纸、灯具、窗帘、小家电卖给他们。

企业要利用互联网真正为用户解决问题。先借助产品接触到目标用户,然后了解他们要解决的问题,最终拿出解决方案。只有理解了这样一整套接触用户的逻辑,企业才能在互联网上忘掉"产品品类是我的",从"有我"进入"无我"的状态。

山里印象——绞股蓝品牌创立的初衷,源于创始人张毓宸十多年公益行和关爱留守儿童的情怀。她用产业帮扶贫困,帮助当地留守儿童父母返乡就业。带着这个有点理想化的心愿和目标,2014年4月,张毓宸来到了单仁资讯学习企业全网营销落地课程,被"打造让用户尖叫的产品"这句话深深打动。她想,让用户尖叫的产品一定可以让一个产业发展起来。让用户尖叫,就要真正为用户解决问题,企业不能只做自己想做的产品,而是要极度满足用户的需要。

经过几个月的调研,张毓宸决定集中所有人力、物力、财力来打造绞股蓝产业。为了建立安全种植高标准,她在天然富硒区——陕西省安康市汉阴县全面采取有机种植。基地目前覆盖6个镇、23个村,其中有15个深度贫困村。仅2017年,基地就帮助300多户农民实现脱贫和增收。农户中包括80多户在册贫困户和100多位返乡就业的留守儿童父母。3年时间,张毓宸把想法变成了事实。

带着"让用户尖叫"的产品使命,张毓宸将生产车间打造成目前绞股蓝行业最高规格的药品级GMP工厂车间,是无菌要求(每4分钟自动净化一次空气)的十万级洁净车间。山里印象绞股蓝研究所由中国人民解放军军事医学科学院的博士生导师孙存普教授担任所长。研究所的专家团队已拥有两位植物学博士，与澳门科技大学和中国中医科学院医学实验中心展开科研项目合作，致力于绞股蓝的生物医学领域研究。

山里印象以自然为本、科技为纲、用户为证，3斤山里印象绞股蓝就可以降低一个家庭脑梗中风的风险，山里印象绞股蓝产业将帮扶贫困山区从一个县到一个市，绞股蓝功效造福四高家庭已经从陕西到全国各地，这让山里印象绞股蓝在全国用户心目中获得了"功效为王"的口碑和美誉。

"打造让用户尖叫的产品"，企业所有产品的更新、升级、完善，都应该围绕着这句话推进，想一想用户还有哪些问题需要企业来帮忙解决。产品和服务的形态是一个"有我"的状态，企业要忘记自己，站在用户的角度，研究用户的真正需求，帮他们解决问题，这样才能真正做到把用户黏在自己身边。黏住用户有时比找用户还要难，如果企业、平台黏不住用户，那这个企业、这个平台就是一个漏斗，就像水倒进沙漠里面，很快就会消失。如果懂得在沙子底下建防水池，水倒进去也许看不见，但依然储存在这个池子里。也就是说，企业必须在互联网上打造未来真正的可持续系统。

分析完"无远、无界、无我"的境界,我讲一个很有代表性的例子,帮助大家从整体上理解互联网的"无远、无界、无我"。2015年,我在江西南昌讲课,学员胡总跟我分享了互联网带给他的商业机会。通过互联网,他在2016年一年赚的钱是过去10年的总和。一个人用一年时间赚了10年的钱,这是一个值得思考的问题。

胡总是做小猪饲料生意的,做了10年,基本上每年的销售额都是1000多万元。他分析了原因,主要就是没钱、没人、没品牌。他们这行划分得很细,有人做生猪饲料,有人做小猪饲料,有人做饲料添加剂。他在秦岭的山沟里面建了一个饲料厂,受地域局限,只能借助经销商把饲料销往各地,因为他找不到养殖户,当年养殖户是很少上网的。2012年,移动互联网出现之后,胡总了解到,很多养殖户也希望跳过中间商,直接跟饲料生产厂商对接。胡总处在"无我"的状态,开始学习在移动互联网上做生意。他的"无我"就是忘掉自己是卖饲料的,去研究未来真正的用户是谁。

胡总最大的生意对象是养猪户,尤其是养小猪的。这些养猪户用手机搜索时会遇到哪些问题呢?他列出了一百多个问题,用这些问题作为关键词,在移动端通过一问一答的方式进行优化,也就是搜索引擎优化（SEO），以提高网站在搜索引擎的排名。慢慢地，越来越多的养猪户在网上向他咨询。熟悉了之后，他也会跟对方讲小猪饲料的优劣，讲自己跟别人有什么不同……就是这样慢慢和用户建立了关系，一年之内，他把八成的业务都直接转到养猪户那里去了。

这样做有什么好处呢？合作对象由原来的经销商转到养猪户，去掉了中间环节。他不可能再按照原来的出厂价卖给养猪户，而是会留下一个空间。这个行业的特点是，经销商拿到产品之后可以加价25%卖给养猪户，胡总就可以从25%当中留下10%~12%给自己，剩下的让利给养猪户。胡总的价格比经销商便宜13%~15%，养猪户肯定会购买胡总的饲料。胡总跟经销商做生意，毛利只有8%，回款周期在10个月以上，他连向银行贷款的机会都没有，因为赚的钱还不够付利息，所以他不可能扩大生产规模。跟养猪户打交道之后，小规模的必须是全款，先打钱，再发货；规模稍微大些的，如几万元钱，回款周期也不过三四个月而已。胡总的成功，六成以上靠的是大型养猪户。

这里面，最大的变化是交易对象。养猪户通常都在郊区、野外，以前没有互联网，现在几乎有手机的地方就可以上网，于是，一个建在秦岭山区里面的饲料厂和一个野外的养殖场之间没有了距离,这是"无远"。他现在基本上一年做的生意规模是过去的5倍,除了卖饲料的利润,另外还有24%的利润来自其他产品。因为养猪户有很多问题需要他帮忙解决,于是他在业务当中慢慢增加了养猪户所需的产品。他通过互联网帮养猪户选择各种各样的好产品,做生意的模式也在慢慢发生变化,这是"无界"。胡总借助互联网将饲料直接卖给养猪户,并不断满足养猪户需求的例子便是"无远、无界、无我"的综合体现。

我们来分析一下,同样的本钱,为什么可以做到一年的利润是过去10年利润的总和?通过移动互联网,这家企业找到了真正的用户,和养猪户直接对接,去掉了中间商环节,毛利率从原来的8%变成了22%,毛利率是原来的2.75倍,纯利率却是过去的3.75倍。为什么?从财务的角度来说,毛利率的增长,带来的纯利率的增长比率要超过毛利率的增长比率。在企业的财务核算中,毛利率每增加一点,利润率的变化幅度就会更大。毛利率是去掉成本之后的毛利润和销售额的比率,当毛利润增加,成本相对固定的时候,利润率自然增长更快。当公司资金周转速度加快的时候,同样的本金,带来的营业额会随之加大。当周转速度加快4倍时,销售额也就加大4倍。销售额加大4倍,利润率就是过去的3.75倍,总利润当然可以做到是过去10年的总和。

此外,在同样的资金规模下,现在的利润是过去的10倍,这种情况下，他就可以去贷款，借此扩大生产规模进而增加销售额。原来的毛利率只有 8%，纯利率只有 5%～6%。也就是说，资金周转一次的回报率只有 5%～6%。如果经销商欠款 6～12 个月，一年下来，资金周转次数只有 1～2 次、资金全年回报率是 10%～12%。如果毛利率变成 22%～25%，纯利率变为 20% 甚至更高，养殖户 3 个月就能回款，加上 2000 元以下的小额交易都是现金交易，同一笔资金全年周转 4 次以上，这样资金的全年回报率就达到 38% 以上。由此可见，表面上来看只是改变了渠道，实际上互联网带来的不仅仅是销售角色的变化，还有整个业务方式的变化。

总结起来，胡总成功的逻辑有以下四点。

第一，合作对象变了。原来的合作对象是经销商，他们永远都会压榨生产商。如今跟大型养猪户合作，充分了解他们的需求之后，就找到了解决方案。

第二，养猪户能用手机上网，可以去找前端的饲料生产厂。世界上 95% 的生意都是由买家发起的，在互联网上也是如此，对方有了需求的时候，会主动寻找解决方法。

从这个角度来说，只要懂得如何在互联网上布局，就有机会让需求方主动寻找而来，而且主动寻找的业务在成交当中转化率极其高。例如，你在淘宝、天猫开了店铺，这时你要做简单的优化，以尽可能让买家搜索到你的店铺和产品，并最终跟你接触。

第三，企业在移动端布局，让客户能够找到他们。

第四,懂得怎样抓住客户。很多企业虽然接到了客户,但是没有抓住,这是互联网上经常出现的一个转化率低的问题。

下面我们看一个互联网转型失败的例子。

早在2007年,李宁团队就开始在互联网上销售产品。但他们存在一个非常大的问题,就是没有面向"80后"的人群,没有提供给他们真正喜欢的新款式。李宁只是把互联网当成"下水道",把线下店里卖不出去的库存,用低折扣的方式在网上出售,也就是线下店卖的是新款,线上店处理库存。从2007年到2012年,李宁一直是这样做的。

互联网可能是一个不错的通道,但绝对不是"下水道"。2016年,中国服装类的消费大概有65%是在互联网上完成的,也就是说,互联网对服装品类的替代率达到了65%。李宁的目标客户是20多岁的年轻人,他们在网上看到的都是过期的打折产品,而不是最新款式,导致顾客对李宁的品牌印象就是跟不上潮流,没有新款。因为战略失误,李宁丢掉了大量的年轻用户,只能重新塑造品牌。

二、从关注客户转变为关注用户

从线下转到互联网上之后,企业也要相应地从关注客户转变为关注用户。线下关注更多的是客户，客户就是上帝。但是在互联网世界里，企业要关注的是用户，也就是使用者。客户和用户是两个不同的概念，客户是出钱购买产品的人，包括经销商，他们买回来后可能是给别人使用的，就像俗话谈到酒类时所说的"喝的人不买，买的人不喝"。我们过去也把用户当成客户，实际上用户不仅是使用产品的人，而且是深度接触产品的人，他们会非常注重使用价值和使用体验。因此，互联网必须以用户为中心。对于最末端的真正用户，不管是单位用户还是个人用户，都要考虑他们的感受和需求，这一点非常重要。原因有以下三点。

第一，只有用户才有使用场景。

客户并不是上帝，用户才是上帝，只有用户才有使用场景。场景是什么？举个例子，经销商进了一批纸尿裤，连包装都没拆就批发出去，或者就直接卖给客户了。至于纸尿裤是软还是硬，吸尿效果怎么样，孩子穿上会不会"红屁股"，经销商是不关心的。他们只关心能不能卖出去，有没有钱赚。只有用户，也就是妈妈，才知道孩子在使用过程中可能会出现哪些场景，而像经销商这样的客户是没有场景感的。

第二，用户有更多的需求，企业才有更多的机会。

用户有了更多的应用场景，才会有持续的需求。一包纸尿裤大概能用两周，妈妈这次买来一包纸尿裤，两周之后就要再买一包，只有懂得把握用户的节奏，才能在时间节点到来之前提醒用户，"宝宝的纸尿裤快用完了，我给你寄一包吧"，用户才能持续购买。而经销商只是做生意，他发现这次不赚钱，那下次他就不进货了。

第三，需求、场景和黏度是互联网上的重要节点，只有用户才有持续的需求、明确的周期和品牌黏度。

在互联网上，对很多产品来说，当用户的需求没有黏度时，双方只能做一次生意，那这个企业一定维持不下去，必须要寻找新的用户。

1996年，太太口服液升级了卖点。起初，太太口服液的功能界定是消除黄褐斑，因为女人生完孩子之后，整个内分泌系统会有一个调整过程，面部色素重度沉积，容易出现黄褐斑。太太口服液进入市场的时候，功效特别显著，指向很明确，这是一个优势，但这个定位也带来一个问题，就是一直做不大。

首先，没有黄褐斑的女士是不会购买这个产品的。其次，有需求的顾客买了太太口服液之后，会有两个结果：一是脸上的斑慢慢去掉了，肯定不会再继续喝了；二是认为没有效果，以后肯定更不会喝了。企业就得重新再发展顾客，之后又会遇到这个死结。这就是定位的逻辑。

如果继续定位为"祛斑",这个产品就死定了,意识到这一点,企业把定位改成"美容口服液",让皮肤变得细腻、嫩白、有弹性。品牌不懂得如何重新调整定位,这是一个很大的问题。很多公司不会研究卖点,最根本的原因是他们不懂得逻辑在哪里。

就像王老吉以前的定位是"上火了,喝王老吉",后来改成"怕上火,喝王老吉"。从字面上看,就是一个字的区别,其实在市场当中区别非常大。如果不调整定位,永远靠广告吸引客户进来,最终会形成一个死循环。尤其是在互联网上做生意,如果用户购买了一次就不来了,这样的企业永远也做不大。所以,产品的功能性定位是模式设计当中很重要的逻辑。

第二节 围绕用户需求做变法

企业今天做互联网营销不仅仅是一个加法,其实是一个变法。变法是指针对企业所面对的新市场当中用户的变化,再加上产品服务,把线上和线下融合起来。

未来新经济就是一个融合的经济。从2017年开始,阿里巴巴的体系里面不再使用电子商务的概念,而是新零售,因为未来新的形态不完全是单纯的线上概念,而是线上、线下的融合。盒马鲜生是马云打造的新零售的样板店,完全就是一个多重服务功能的大型店铺，集餐饮、生鲜、超市、外卖等功能于一体。

第一，从布局来说，盒马鲜生看起来像是一个超市，其实更像山姆会员店，把货架放得很高，而一般的超市货架比较低，更多的是用堆头去呈现。同样的展示面积，盒马鲜生的货架呈现可以让它展示的SKU的量变得更大，这样既减少了上货的难度，又提升了整个店铺的效益。

其实新零售也是零售，只不过是把线下的实体零售放在线上去做。线上零售店需要的是更低的获客成本，所以盒马鲜生采用仓储方式来布局。

第二，盒马鲜生有一个非常复杂的前端处理工序。他们销售的蔬菜都是净菜，同样的产品，净菜的价格肯定比没有经过清洁处理的价格高一些。因为在处理的过程中，蔬菜的重量可能会减少，还有就是洗涤、整理、装盒，整个过程也会产生费用。

设计每一种模式时，都要研究自己的用户是谁。盒马鲜生的产品不是卖给去超市买东西的人，而是经常在网上购物的80后、90后群体。因此，盒马鲜生当初设计产品形态、价格的时候，所有的模式都是以用户为中心，围绕着80后、90后以及他们所组成的家庭来设计。不是简单地把原来的超市做一个改版，而是重新提供一种面对"新新人类"的业态。

第三，盒马鲜生的另外一个大业务是生鲜烹饪。他们店铺平均面积约为5000平方米，其中有一半被厨房、餐桌所占用。顾客购买海鲜品类，再出15~30元的加工费，就可以让厨房里的工作人员现场烹饪，既可以现做现吃，也可以打包回家。所以，盒马鲜生吃和逛是一体的。

第四，盒马鲜生让用户随时在线。每一个进店消费的用户都要下载盒马鲜生的APP，成为他们的会员。以后再想消费，拿出手机，在APP上下单，快捷支付，一小时之内熟食就可送上门。解决用户的生活问题，这就是盒马鲜生做生意的方式。它既做产品零售，也做餐饮服务，把零售和服务结合起来，最终完成一个线上线下的融合，让用户永远在线。

盒马鲜生既不是超市，也不是餐饮店，而是销售生鲜再加上烹饪、就餐的混合体。从这个角度来说，盒马鲜生又很好地诠释了前面讲到的"无远、无界、无我"的概念。在互联网领域，尤其是处在新经济时代当中，企业绝对不能停留在业界的"有界"范围内，不能停留在产品层面，一定要把产品的服务界限打破，围绕用户需求去设计。不要给自己设限，认为自己就是开餐馆的、卖服装的，一定要把业态打通，站在用户的角度来运营。

只要明白自己的核心业务是什么，不管市场如何变化，我们都有好的应对之道。对很多公司来说，未来一个很重要的问题，是要从原来的运营中看清自己的核心业务是什么，否则很容易把自己的位置定死。互联网只是平台，只是工具，你要看到市场上不一样的可能性。

总结起来，新时代、新产业的重要核心有三个。

第一，要重新定位自己的服务对象，考虑如何更加符合当下年轻人的品位，围绕他们的生活方式来组合产品和服务。

第二，企业不是用互联网去改变传统经营方式，而是整合产品和服务来提供持续、系统的解决方案。

第三，未来的企业不是简单地从线下走到线上，而是要将互联网融入经营过程中，也就是从线下到线上将顾客整体融合起来。

把顾客从线下带到线上，就可以让顾客在线上持续消费。线下只是一个体验入口，用来接触用户，一定要将线下、线上联动起来，这样才能让客户跟企业经常保持连接，同时产生持续交易和服务的机会。

本章小结

1. "无远、无界、无我"是全网时代的新特点和新要求，是企业进入互联网必须要掌握的思维。

2. 企业要理解接触用户的逻辑，利用互联网真正为用户解决问题，先借助产品接触到目标用户，然后了解用户要解决的问题，最终提供解决方案。

3. 在互联网世界，企业要关注的是用户，而不是客户。客户和用户是两个不同的概念，客户是产品的购买者，不一定是使用者；而用户是产品的使用者，是深度接触产品的人。

4. 互联网必须以用户为中心，只有用户才有使用场景；用户有更多的需求，企业才有机会；需求、场景和黏度是互联网上的重要节点，只有用户才有持续的需求、明确的周期和品牌黏度。

5. 企业不是用互联网去改变传统经营方式，而是整合产品和服务来提供持续、系统的解决方案。

6. 未来的企业不是简单地从线下走到线上，而是要将互联网融入经营过程中，从线下到线上将顾客整体融合起来。

第四章
用户在改变，你该如何应对

杰克·韦尔奇说过："我一直相信，如果组织内部的变革速度慢于外部的变革，那么死期就不远了，剩下的问题是早死还是晚死。"企业能够活下来靠的是不断变革，始终围绕着外部环境，尤其是消费人群习惯的变化而变化。

江西有家企业是做固色的，就是在染色的时候，要让颜色附着在材料上面，清洗时不掉色。这家企业2017年全年的利润是过去七八年的总和，价格也比以前贵了10%~20%，订单仍供不应求。原因是整个产业在变化，不符合环保要求的厂家全部停产，导致供应商减少了。这家企业顺应变化，转为用互联网推广产品，有需求的厂商在网上找供应商的时候，很容易就找到他们了。这就是利用互联网的基因去改造传统产业的重要性所在。

第一节　速度：去掉中间环节，快速成交

前面提到小猪饲料生产商的成功案例，去掉了中间的经销商，产品直接到达最终用户的手中。这其实就是通过渠道提升效率，下面我们借用欢乐菇的典型案例，来具体分析一下。

欢乐菇是一家位于河南与安徽交界处的一个山区的公司，主要种植木耳和香菇。收获之后，就等人上门收购，价格非常低。由于处在山区，远离市场，加上没有自己的销售渠道，所以他们做了10年都没有赚钱。后来，有一个合伙人听我讲互联网的推广课，很受启发，意识到他们也可以到网上去卖产品。

他们有4个股东，过去的10年又没有赚到钱，这时候要花几万元去学互联网课程，其他股东肯定有意见。总经理杨一凡下定了决心，他告诉其他股东，先自掏腰包学习，等农场赚钱了，再给他报销学费。

欢乐菇公司网站（见图4-1）于2014年8月10日改版上线。他们给自己的定位是"专注食品行业生产供应，只做好香菇"，为餐饮、速冻、深加工量身定制不同品质的香菇。到9月10日，短短一个月的时间，每天的独立访客增加到80个左右，每个客

户进来平均浏览3个页面,每天的浏览量在250次左右,试运行期间接到了沃尔玛中国300万元的香菇订单。后来,他们陆续接到三全、吉祥馄饨、思念等公司大量的订单。他们把周围大约四五百万平方米的种植户全部联合起来,种植户负责生产,欢乐菇负责网上销售,慢慢地在网上做出了自己的品牌。

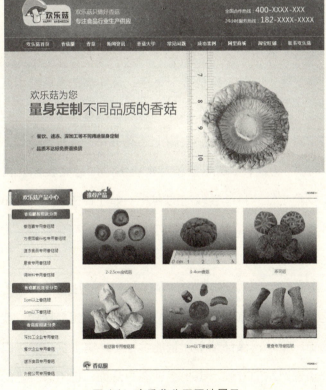

图4-1 欢乐菇公司网站展示

我们来分析一下欢乐菇成功的原因。起初，欢乐菇只有两三百万平方米农场，产量也不大，因此不需要把销售做得特别复杂。他们需要考虑的是，能不能利用互联网把中间环节去掉，提升销售速度和效率，甚至在没有种植前就可以收到订金，做到没有库存，没有风险。

首先，一定要解决"卖给谁"的问题。要想在互联网上做精准传播和推广，企业一定要精心挑选客户，要分析清楚自己可以跟哪一类客户做生意。

不难发现，以前无论是哪个渠道，最终都把香菇和木耳卖给家庭了，那他们可以开一个线上店铺，直接通过互联网平台把产品卖给家庭，这是一条路。实际上还有另外一条路，他们不属于C端，而属于B端，B端业务相对来说需求的稳定性高。做生意一定要找稳定性、持续性较高的客户，如开餐饮店的，菜单上有香菇炒鸡、木耳炒百合，那店里就要保证每天都有香菇、木耳储备，这就是非常稳定的客户。

其次，解决"怎么卖"的问题。他们"专注食品行业生产供应"这一定位很简单，策略非常清晰，只要找到餐饮店，找到深加工的工厂下单，保证整个产量能够稳定地满足供应就可以了。很多公司建网站的时候，很少想过客户是谁，也不想自己的优势和卖点是什么，核心业务有哪些，这些也是他们互联网生意做不好的原因所在。

欢乐菇从所有的业务里细分出不同产品,然后做一些简单加工,变成客户所需要的不同形态,完全是站在买家的角度规划产品结构。例如,做香菇方便面的客户,整片香菇就可以,而做包子的客户,都是把香菇切成小碎粒,如果把产品的应用场景在互联网上展现出来,顾客看了就能知道这个形态刚好是他想要的。

他们在网站上列出了"选择欢乐菇的四大理由",甚至很"奇葩"地把发票传到网上。这其实也是站在买家的角度进行产品呈现。为什么这么说呢?因为他们有很多买家是食品厂或者超市,需要正规发票。

不难发现,他们所有的改变,都是围绕着直接用户进行的。这也就是传统产业+互联网的第一个变化——渠道扁平化,产品可以直接到达用户手中,提升渠道效率。

第二节 精度:一款衣服一个月凭什么卖出几万件

互联网营销,精度很重要,通过七格格减少库存的案例,我们来深度分析一下互联网精准营销的价值所在。

服装行业最大的痛点是"三年销售一年库存"。什么意思?举个例子,今年生产100件新款服装,能卖到70件就肯定会赚钱。今年剩下30%，明年又剩下30%，后年再剩下30%，三年的时间又可以积累一年的库存。这些货就变成尾货，只能清仓处理和论斤卖，这一问题只能靠互联网来解决。七格格就是完全在互联网上成长起来的服装品牌，2015年，七格格纳税5400万元。仔细分析七格格的做法，大家可以看到，互联网不仅可以拿来做销售通路，同时也可以用来快速筛选产品。

七格格的广告语是"每周四上新、包邮"，上新速度非常快。网站上有两个重要的访问页面：一个是新款页面（图4-2），另一个是畅销款页面。年轻人几乎每周都会访问网站，他们希望看到有新品出现，假如3个月都看不到新款，以后基本上就不会再光顾了。

这里就涉及精度的问题，怎样精确选择产品呢？七格格每个星期差不多都有50个款式上新。他们最早的做法是，新款设计出来后去做试单，一周之内通过互联网进行筛选，看看哪些可以畅销，哪些不畅销。无论是设计师还是买手，只是凭经验和感觉作选择，结论肯定不是百分之百准确。

这时候，他们引入了互联网筛选环节。这一周有50个款式上线了，每个款式生产的量都很少，5件、10件，最多不超过20件，目的是减少库存。

第四章 用户在改变，你该如何应对

图 4-2 七格格网站新款页面展示

他们选择"周四上新"也是有原因的，因为年轻人大多会在周末访问网站。他们一进入页面，马上就能看到这些新款，如果喜欢某件衣服，就会点进去继续浏览，感觉适合自己，就有可能购买。在这个过程中,点击率、浏览时间、转化率都有记录,数据很完整,而线下店的这些数据就很难收集起来。

在这个过程中,他们用一周时间就能快速筛选出畅销款,每周只留10%,也就是50款只留5款,过了这个星期,这些款式就不再出现了。筛选出来后,他们就会批量生产,然后去网上做推广,将其做成爆款。原来只生产几十件,但是精准选择之后就会生产几千件甚至上万件。

一款衣服在一两个月之内卖出几万件,这在线下是完全不能想象的。他们打造爆款的方法就是通过互联网搜集、整理用户的行为,在此基础上形成一个非常精准的决策。这就是我们讲的传统产业跟互联网产业在做生意的方式上是完全不一样的。

那么互联网产业是怎样利用网络发现商机的呢?线下很多老板都没做过业务,我总是建议他们自己去做业务。只有接触到用户,才能知道线下和线上的问题有什么不同,才能知道自己所处的整个市场是什么样的,而互联网就提供了这样一个接触用户的机会。下面我们通过一个例子来具体学习一下。

唯特偶是全球最大的锡膏生产厂家,主要是做零配件焊接器。起初,企业所有的产品都是通过经销商销售出去的,顾客喜不喜欢他们的产品，有什么需求，唯特偶完全不清楚。

他们之前都是生产出来产品再下单，要经过非常复杂的过程，才能知道下一步要研发什么产品。现在他们用互联网筛选出一个新品，卖了人民币12亿元。这个市值人民币12亿元的新品叫LED固晶锡膏，完全是因互联网滋生的品种。

唯特偶的老板用了至少半年的时间，亲自接听顾客电话。慢慢地，他发现了一个问题，过去的元器件很大，锡膏不需要很细，但是现在元器件通常很细，锡膏太粗就可能影响元器件的使用寿命。元器件一旦变小，顾客对锡膏的要求就会快速提升。很多竞争对手并没有意识到这一点，依然还是按照原来的标准生产，这导致很多顾客在网上寻找生产细锡膏的厂家，而且出价很高。他发现了这个需求，马上就做了相应的调整。

这就是我想告诉大家的，互联网不仅仅是拿来卖东西的，也是拿来跟用户快速传递信息的重要平台，企业一定要利用互联网去提升营销精度。具体说来，可以分成"三步走"。

第一步，分析用户的在线行为。

第二步，收集用户行为内的完整数据。这里所说的收集就包括在互联网上与直接用户互动，这样会收集到很多用户的反馈，这对企业的研发，包括未来改进产品与开发市场都有借鉴意义。

第三步，建立分析模型。这个模型很重要，未来筛选、挖掘数据，都需要模型。

七格格的分析模型中有三个关键数据：首次点击率、总点击率和转化率。七格格把用户的点击率做排名，首次点击率是很重要的参数。首次点击代表最喜欢，总点击率表示用户还喜欢其他款式，再加上浏览的时间，基本就能分析出用户的偏好。然后，利用以上几个参数模型给到的权重计算出转化率，再跟以前的数据去作对比，最后找出爆款，计算出备货量。

在互联网上，企业需要的很多数据都能搜集到。这样就不用花钱去市场上做投票来明确要做什么，而是在还没有大批量生产之前，就能先了解市场有什么需求。

第三节　深度：给用户需要的，你的价值才能最大化

前面讲了互联网形态下营销的速度和精度，本节我们来看一下营销深度。

品类、用户、需求、方案，这八个字是互联网很重要的逻辑。互联网之所以可以不断地延伸跨界，让企业进入"无我"的状态，原因就在这儿。营销深度，也跟这八个字有一定的关系。我们通过安吉尔的案例来具体学习一下。

第四章 用户在改变,你该如何应对

安吉尔的老板2015年来到单仁资讯学习,上课的时候他特别后悔,"自己要是早三四年来上课,公司一年的营业额会增加好几亿元"。他告诉我,现在安吉尔一年的净水设备销量为300多万台,按照出厂价算,年销售额约为人民币三十五六亿元。要想有增长,企业每年就要不断地寻找新的用户,把净水设备卖出去。但事实上,净水设备卖完之后,里面的滤芯是可以再次销售的。无论是国产还是进口滤芯,都有使用期限。根据用户每年正常的使用量,每台设备要换2个滤芯,有时甚至要换3~6个滤芯,每个滤芯的成本是15元左右,可以卖到五六十元。这样企业每年卖滤芯赚的钱要比销售设备赚的钱还要多。因为一台设备的出厂价约为1000元,毛利润只有100元,再去掉其他成本,利润并不多。

但是很遗憾,他们95%以上的销售都来自经销商。不管是大经销商还是小经销商,设备卖给谁了,客户什么时候购买了净水器,什么时候开始换滤芯,他们完全没有数据。这么多年来,安吉尔大概卖了6000万台设备,但是滤芯的销售额加起来却不到1亿元。大量的用户都流失了,而且用户的设备究竟是什么状态,是不是还在用,每年用到什么程度,对此他们完全没有概念。安吉尔的老板跟我说,"早年只要把其中20%的企业客户抓在手上,在互联网上把个人用户分给经销商,单位客户我亲自抓在手上,定期给他们优惠,销售利润是非常庞大的"。

从这个案例中我们可以看到，企业过去对产品只是做简单重复地销售，并没有围绕用户的利益去运营。而互联网运作很重要的逻辑不是用来卖产品，而是用来做用户运营。如果不懂得用户运营，即便有很多资源，价值也很难最大化地体现出来。

互联网上到处是机会，企业要学会在网上实现价值最大化。小米的空气净化器卖得很便宜，其他品牌同样功能的产品可能要卖到两三千元，小米只卖699～899元，但小米每年的用户量非常庞大，而且可以用APP管理。设备使用到一定程度，红灯闪烁，用户就会知道设备的过滤性能已经下降了，需要更换滤芯。对小米来说，这是一种特别好的用户运营方式。简而言之，就是所有的空气净化器跟APP绑定，以APP作为入口，同小米家族的其他产品和品牌连接起来，实现小米的整个智能化家居服务，而空气净化器正是小米的一个入口。

正如安吉尔的老板所说，他们早年如果能把20%的企业用户抓在自己手上，那么得到的利润都是非常庞大的。

这里有一个很重要的理论，美国《连线》杂志前主编、《免费：商业的未来》一书的作者——克里斯·安德森提出的著名的"长尾"理论，"企业的销售量不在于传统需求曲线上那个代表畅销商品的头部，而是那条代表冷门商品经常被人遗忘的长尾"。安德森认为，互联网时代是关注"长尾"理论、发挥"长尾"效益的时代，互联网的最大价值在于它的"长尾"部分，如图4-3所示。

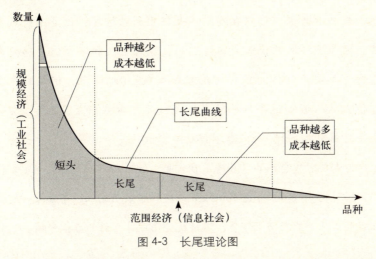

图 4-3　长尾理论图

传统产业以制造成本作为主要特征，短头部分做好，经营的品种越少，数量越大，成本越低。但是在信息社会里，最大的成本不是构成整个实体产品的成本，而是获得用户的成本，也就是获得用户的成本会越来越高，所以品种越多，成本越低。

有个学员在广东生产牛仔裤，有自己的工厂，年产量500万件。企业原来线下的主要生意有两部分：一是面向全国的批发商做批发，二是为全世界很多品牌做代工。这种生意是完全工业化的模式，拿到订单就去采购原料，然后交给员工进行生产。2012年，企业向互联网转型，在天猫上开了一个旗舰店，售卖自己生产的牛仔裤，结果赔进去好几百万元。

该企业向互联网转型的意识是好的，但是转型的模式有问题。我告诉老板，可以在淘宝、天猫里面做批发，但是不能做零售，因为这样做的获客成本特别高，在淘宝上把一个流量转化为愿意下单买牛仔裤的用户的获客成本在250元以上，但是客户贡献值太低。假如说牛仔裤的成本是50元，零售价是200元，卖一条牛仔裤可以挣150元，卖不掉就要赔50元。

他需要考虑自己的"长尾"在哪里，继续做好批发模式和定制模式，同时把牛仔裤批发给其他服装店，和服装店的衣服搭配在一起，让服装店帮企业在网上销售，这样就会形成非常好的虚拟分销。

在信息社会，企业主要的成本实际上是获客成本。就像酒仙网，2011年前得到一个客户的成本是20元，2017年的获客成本提高到230元，也就是说，互联网上的获客成本会特别高，这是一个很重要的逻辑。

我们再来对比一下苏宁和京东。苏宁成立于1990年，按照苏宁2016年公司年报，截至2016年12月31日，公司合计拥有各类型店面3491家，其中常规店1600家。线下经销的产品品种有40多万SKU（库存量单位）。京东从2004年开通网上销售，到2016年，12年时间，京东网上的品种数量有2600万SKU，是苏宁的 60 多倍。苏宁线下店铺每年的租金是 18 亿元左右。京东 2015 年的整个体量是 8000 多亿元，2016 年和 2017 年都是 1.1 万亿元的规模。

很明显，京东是做了特别好的"长尾"效益。京东入口以男性客户为主，它最初延伸的品类是从电子产品到电器，因为跟"电"有关的决策，尤其像空调这类品种，在家庭里面男性作决策的情况相对多一些。京东在延伸的时候，对用户定位考虑得非常周全。

这里有两个非常重要的概念，互联网可以用它来整合很多资源，并将其呈现出来。

第一种是垂直整合，是指向更大品类的整合延伸。酒仙网刚开始做网上销售的时候，生意并不好，因为他们只是简单地把线下的产品搬到网上去，没有任何大品类的概念。后来我帮他们作了梳理，把白酒作为一个入口的场景。所有酒的消费品当中，喜欢喝白酒的人通常也能接受啤酒、红酒和黄酒，但是喝红酒的人不一定能喝白酒。所以白酒有更好的包容度，将白酒作为整个市场当中重要的品类，作为前端，它能给后端的延伸带来很好的机会。

第二种是平行整合，也就是围绕用户的需求进行整合，天猫、京东、当当、苏宁易购等都是类似的逻辑。未来互联网上的品类调和，很重要的一点就是慢慢增加高频消费的品类。这几年，在所有的平台当中，生鲜类企业的竞争非常激烈，原因就在这里。

再如，苏宁易购原来主要做大家电，现在增加了服装、母婴类产品，目的就是增加用户的延伸"长尾"部分，增加用户来访的频度。频度越高，黏度就会越高，养成习惯就是靠高黏度。

互联网给了企业重塑经营模式的机会。重塑模式，就是重塑价值链，重新构建企业竞争力，企业一定要抓住这个机会，向全网营销转型。

本章小结

1. 围绕着直接用户，传统产业＋互联网的第一个变化——渠道扁平化，产品可以直接到达用户手中，加快营销速度，提升渠道效率。

2. 互联网不仅仅是拿来卖东西的，也是对用户快速传递信息的重要平台。企业一定要利用互联网去提升营销精度。

3. 品类—用户—需求—方案，是企业进入互联网非常重要的逻辑。企业不能简单地用互联网来卖产品，而是要学会用户运营。互联网之所以可以不断地延伸跨界，让企业进入"无我"的状态，原因就在这里。

4. 企业借助互联网进行资源整合的方式可分为两种：第一种

是垂直整合，是指向更大品类的整合延伸；第二种是平行整合，是指围绕用户的需求进行整合。

5. 互联网给了企业重塑经营模式的机会。重塑模式，就是重塑价值链，重新构建企业竞争力。企业一定要抓住这个机会，向全网营销转型。

SOLUTION

03

解决方案

做：四步落地方法让企业逆袭

现代商业活动中，企业往往不是被竞争对手打败的，而是没有跟上时代发展的趋势。一家企业从决定转型开始进入互联网，到形成体系，最后到逐步完善体系，一定要懂得进行系统布局和构建。只有采取清晰有效的策略指引，才能在互联网上找到适应的市场。

第五章
重新定位再出发

企业进入互联网实现全网营销,首要任务是定位。在搭建平台、投放广告之前,首先要弄清楚自己的系统定位,包括盈利模式、目标客户、要展现的主要业务等,这是一个很重要的策略规划。只有定位清晰、准确,企业才能做到高效、精准营销。

第一节 在客户心里,"你是谁"最重要

俗话说,小城镇开杂货店,大城市开专卖店。企业转型落地的第一步不是在网上做推广,而是先要去研究产品究竟该怎么卖、卖给谁。

过去很多企业只要入驻阿里巴巴,成为阿里巴巴的会员,多多少少都会有生意可做。但现在如果只是简单入驻,在阿里巴巴几乎没有生意。这不是因为阿里巴巴平台有问题,而是随着企业

对互联网认识的提升，大家都在互联网上抢生意，竞争强度不断加大，只靠入驻，而不系统地改善互联网经营，很难拿到订单。

要想做好网络营销，企业负责人需要去研究以下两个重要问题。

第一，进入互联网的状态既然是"无远、无界、无我"，企业就一定要有清晰的策略、定位和方向。如果企业的整体策略不清晰，包括用户策略定位、产品品类定位、特色、卖点、价格各方面都没有合理规划，那么从互联网上走出来，就像从深山老林里走出来一样，很容易迷失方向。

第二，企业要用最少的成本去吸引最多的用户。有了互联网平台的转化站点，为了让用户继续产生交易，企业要在互联网上做大量的推广工作。只有定位清晰明确，推广系统才能精准有效。推广是为了引流，引流要关注三个要点：一是流量的规模，也就是说接触的买家越多，生意就越好，因此企业要尽量增加流量；二是流量的精准度；三是流量成本。引入流量的背后要有很好的策略规划，企业要知道自己的用户是谁，在哪个社群出现，然后不断去引流。

定位就是选择适合自己的路径，永远没有好不好，只有适不适合而已。策略定位有三个关键点，其中一个叫发现优势。很多公司在盈利模式的选择上经常会出现错误行为，完全忘掉了自己的优势，那他选择的肯定不是最佳路径。

正如前面所讲到的生产牛仔裤的企业向互联网转型，在天猫上做零售亏损几百万元的案例，也是在转型过程中丢掉了企业的优势。因为从规模化生产的特点来说，企业每一个订单款式要少，单量要多，这时候才能发挥规模化生产的优势。但是，在天猫上做零售，面对众多买家，就要准备足够丰富的款式在互联网上展现。零售也遵循二八定律，10件衣服里只有2件畅销。企业准备了那么多款式，但是不能准备那么多数量，这样企业就无法发挥原来线下的优势。还有，企业原来的线下销售团队更擅长拿大单，但对买家来说，牛仔裤只是所有服装中的一个品类，同一个买家在同一个平台上可能只会购买一两件。

分析完定位失败的反面案例，我们再来看一个定位正确，充分发挥了企业优势，成功扭转局面，通过互联网完成了5000万元销售业绩的优秀案例。

成都壹品欧迪家具有限公司（以下简称壹品欧迪）自2004年成立以来，每年的业绩增长速度基本维持在30%，是全国知名的办公家具企业。随着国家政策调整，整个行业增速下滑，2015年，公司陷入全面危机，业绩负增长、应收款增加、员工流失,各种难题接踵而至。

带着迷茫,2015年5月,董事长张晓帆走进了单仁资讯的课堂。通过学习,他意识到要想真正地转型互联网,首先要拥有互联网的思维模式,然后用这种思维模式去梳理企业的经营模式、目标客户、核心产品、产品卖点、关键词,而这一切的核心就是重新定位。他开始认真思考企业产品定位,将目标客户明确分类。

作为办公家具的用户,他们的需求除了舒适、耐用、价格合理之外,最重要的就是环保、安全的工作环境!可惜办公家具作为办公环境中最重要的一分子,由于种种原因,至今还没有一个真正的环保家具标准。瞄准这一真空地带,壹品欧迪于2009年率先在全国提出环保无异味的理念,让办公家具的生产环境告别异味,告别苯!2010年,在广东中国家具博览会办公家具办公环境展上,企业推出"告别异味•告别苯"系列产品,获得展会制造工艺的铜奖。

考虑到企业这一优势,壹品欧迪重新将产品进行定位。

第一,环保无异味办公家具,针对所有对办公环境有环保要求的用户。有些家具企业宣称家具是环保的,但在使用中确实有异味(异味来自可能对人造成伤害的甲苯和二甲苯等有毒有害气体),这一点也是被用户投诉最多的问题。

第二，时尚简约办公家具，针对办公环境使用群体年轻化、高学历化、国际化的需求而展开。

第三，色彩缤纷办公家具，针对办公环境的个性化、多元化来发展。

壹品欧迪由此确立了企业的经营模式：致力于为企业提供"时尚简约，环保无异味，色彩缤纷"办公家具整体配套生产与定制的厂家。

所以，企业向互联网转型的时候，认清自己的优势是什么，转型后能否在互联网平台发挥原来的优势，就显得非常重要。

第二节 快速找到适合你的定位方法

企业从刚进入互联网打造网站基本结构，到未来整个模式不断地去更新和完善，再到最终持续成长，整个过程有重要规律可循。

在互联网上切入的时候，定位系统首要解决的就是模式问题。企业要用什么模式做销售，是交给中间商，还是去掉中间环节，直接交给单位、个人？是卖标准产品，还是卖个性化的产品？企业的主要收入来自哪里，是靠广告还是靠产品差价、佣金,还是靠资金流的理财获得收入?每个企业在开始定位的时候就要想清楚自己的模式是什么,如果模式设计错了,企业可能会走进"死胡同"。这里有一个案例,他们的做法可以为企业重新规划业务模式提供借鉴。

这是无锡的一家影视文化公司,承接企业庆典或者政府活动,主要负责活动的策划、设计,以及视频的拍摄和剪辑。该公司做了差不多七八年的时间,平均每年两三百个业务,处于半死不活的状态。

2011年前后,公司遇到一个问题,公司团队失去了之前靠朋友介绍接下的很多政府和企业的订单。这就意味着他们以后需要自己单独做业务了。他们完全懵了,找客户成了难题。

原来他们的业务很杂,而且没有进行细分。听完我的课程,老板根据定位,重新作了业务规划,主题变成"参与品牌系统建设"。

可以说,未来中国真正的机会在高端服务业,如创意策划,包括文化服务或者健康服务。考虑到这些,他们决定首先在一个领域深入下去,围绕餐饮行业去展开业务,包括形象设计、空间设计、工程装修,同时把原来的专业重新按照体系需求展开,包括品牌、视觉、空间、网站、软装等。这样,只要有餐饮行业相关的用户有需求,就可以在互联网上找到他们。从2014年开始,两三年时间里,他们一分钱的广告费都没有投过,一年就能做几千万元的业务。因为在这个领域他们没有竞争对手,做服务的人很少懂得在一个领域深挖下去。

营销有两层结构:一层是市场结构,主要通过产品的推广宣传、信息的传递去影响对方,让对方对企业有所了解;另一层是销售结构,进行产品的展现和转化,把用户拉到企业身边来,也就是成交。无论是哪层结构,企业首先要清楚自己要将推广信息传递给谁。

青岛沃富新能源科技有限公司(以下简称沃富新能源)以前专注于承接大型地源热泵工程项目,如大荣世纪综合楼、天泰美立方等。由于整个项目工期长,需要垫付资金,回款困难,公司在经营过程中出现了许多问题。迫于市场压力,企业慢慢地向互联网转型。

在转型的过程中,公司CEO郑鹏把产品定位到别墅终端用户上,起初也有同事不断地与郑鹏交流,希望还是以工程项目为主,但郑鹏坚持把用户锁定为终端别墅用户,致力于打造用地源热泵创建舒适家庭环境的新型企业。企业在承接之前工程项目的基础上,新开发出别墅项目的终端客户。虽然单体别墅项目的工程造价不算特别高,但好处就是回款快,因为他们的运作模式是先付款、后施工、再服务。2017年,单体别墅项目回款占企业回款总额的四成以上,由这个项目转换出来的现金流极大地缓解了企业的资金问题,为企业的周转提供了很大活力。

在从传统的经营模式向新型的互联网转型升级的过程中,精准的用户定位为沃富新能源带来了巨大的收获。那么,清楚目标用户后,接下来最重要的工作是什么呢?下面我们再来看一个通过调整产品品类定位和关键词来改变企业命运的案例。

浙江三狮集团特种水泥有限公司(以下简称三狮集团特种水泥)是典型的传统企业,总经理蔡小娜要转型在网上做销售的想法遭到了周围同事的强烈反对,他们认为水泥属于大宗产品,不可能在网上销售。蔡小娜却不这么认为,特种水泥这个产品有特殊性,客户群体数量虽然比较少,但目标很精准、小而精,完全可以转向互联网平台销售。但是,企业在转型之初,并不是一帆风顺。

最初,企业用"水泥"作为关键词进行推广,很多客户咨询的都是普通水泥,虽然预订的量很大,但是很少能成交。企业需要的是结果，无论询盘量有多大，最终没有转化成销量都没用。蔡小娜经过仔细分析，发现症结是企业定位不准确，"水泥"范围比较大，而特种水泥作为小品种，是细分市场。于是企业重新精准定位，设计主打产品，并用"快干水泥"作为关键词推广。这样整个营销格局就发生了变化，来咨询普通水泥的客户越来越少，节省了很多时间和精力。做特种水泥生意的客户和企业熟悉以后，除非特殊情况下需要普通水泥，他们才会来咨询有没有普通水泥。企业就会把这种订单反馈给集团生产普通水泥的子公司。这类客户通常已经多次购买过企业产品，信任度比较高，他们的询盘相对来说是很精准的。

从三狮集团特种水泥整个转型过程的教训与经验中，我们发现：找到与用户有效接触的品类定位非常关键，不但清晰了企业的推广逻辑，还能让企业迅速与用户接触，建立信任，增强客户黏性。

总结起来，企业进入互联网的定位策略要思考以下四个方面：第一，模式决定方向，盈利模式是定位中第一个要思考的问题，包括收益结构、交易对象、核心业务等；第二，重新思考基于互联网市场下的用户是谁；第三，要找到核心品类，通过品类了解用户的状态和需求，最终提供解决方案；第四，围绕定位策略，找到自己的推广逻辑。

第三节　线上、线下相融合，才能持久盈利

线上和线下相融合，是未来互联网环境对企业基本的要求。企业如果没有互联网思维，不利用互联网的技术、平台或者手段去经营，就会逐渐被淘汰。理解互联网带来的影响，借助互联网不断调整和更新经营方式，这是每个企业都要考虑的问题。

一、全网融合的模式设计

所谓"全网融合的模式设计"，就是"线上、线下融合，全网无往不胜"。很多公司一旦进入互联网，就把线下渠道放弃了，这种方式是错误的。在地域上，你不能有疆界之分，要把全世界都看成你的世界，不要有"我做国内市场，全球市场我不做了"这种想法。

另外，企业原来在线下有很多比较好的业务伙伴，可以让他们继续去跟单，因为他们对如何把公司的优势讲解出来，如何了解客户的需求，如何拿到订单，非常有经验。未来在整个企业的管理当中，尤其是在经营当中，一定要把线上、线下结合起来考虑，不要说这个是线上的，那个是线下的，只偏重一方，而丢掉其他部分。

网络营销，基于流量回流产生生意才是企业的真正目的。围绕这个目的，流量是否精准，从哪里引流，把谁引进来，都离不开企业定位。

1. 用户流量来源价值分析

企业从网上引流的时候，首先要对流量价值有所判断。看看哪些流量是暂时性的，哪些流量是持久性的，哪些流量价值更大，哪些流量价值较小。

虽然企业获得流量的成本相差不大，但是流量本身的价值是不一样的。流量可以分为三类：第一类叫作刚需流量，第二类叫作稳定性流量，第三类叫作高频流量。这三类流量的价值是不一样的。

企业要用核心品类去吸引买家，就要尽量选择刚需和高频品类。刚需品类是一定会买的，如家庭日常消费品，如果它的频度特别高，企业选择这些品种或者引入这些流量，就能够用最短的时间接触到用户。举例来说，在小区里面卖电器，人们购买电器的平均周期是 3 年，这意味着要把小区所有人都接触到，需要 3 年时间。如果是卖蔬菜、水果、水产这类产品，人们平均一两天就要买一次，可能一周时间就把小区里所有人都接触到了。也就是说，高频品类意味着你能够用最短的时间接触到用户。

太原重工是一家老国企,它旗下的房地产公司开发了很多社区,有几十万居民。他们要向互联网转型,希望能够把这些资源用起来。于是他们做了一个名为"智慧社区"的APP,以方便把社区居民聚集到这个平台上来。智慧社区的业务分好几种,包括物业服务、医疗服务、酒店服务、幼儿园教育及其他社区商业。

在思考"智慧社区"要把什么样的业务放在里面,借用什么样的业务引流的问题时,他们想到了幼儿园。可不可以让家长在申请幼儿园学位时用APP在线上预约?申请幼儿园是刚需,但它是低频,每年也就影响一两千个家庭。另外,申请完学位,如果没有其他服务,这些家长就不会留在上面了。可见,这个流量并不稳定,属于一过性流量。要想沉淀用户,这种引流方式只能是一个噱头,但不能带来稳定的流量。

那它的物业缴费流量大不大呢?不大,因为每个家庭只需要一个人来缴费。但这绝对是一个稳定流量,可那是以月度为单位,到月份才会缴费。

物业服务都会有门禁管理,居民在社区APP上注册以后,用手机就能开门。人们每天进进出出,要不停地开门,这既是刚需又是高频,其他各种服务的流量都不如一键开门带来的流量价值高。

所以，我们去外面引流的时候，一定要清楚识别所引流量的整体价值，高频、稳定的流量对我们未来沉淀用户才是比较有价值的。

2. 从线下到线上的引流

很多卖场、店铺不懂得怎样把线下的客户沉淀下来，这些资源慢慢就离开了。最好的方式是把线下接触的客户引到线上来，这就需要有一个载体来沉淀用户。苏宁2014年以来一直在做这件事，把顾客从苏宁电器引到苏宁易购去。

这里需要注意一点，就是一定不要丢掉在线下接触用户的机会，而且尽量把线下的接触推到线上来。

携程是目前我国最大的在线旅行平台，其成功的关键就是通过线下发送卡片来沉淀用户。可以说发卡是携程发家的法宝，携程把这个模式用到了极致。到目前为止，总共发了大概6亿张卡。

当年，各地的机场、码头、车站都是携程发卡的地方，经常出差的商旅人士，基本上都能接触到携程卡。第一次可能没把这个卡当回事儿，直接丢掉了，后来发现携程可以帮忙安排酒店，慢慢地就会使用这个平台。携程卡上都有密码，用户打400开头的电话，报上卡号和密码，就可以注册成为会员。这样，携程通过线下发卡成功地把用户拉到了线上。

在线上捞流量成本非常高，在线下把流量提上去相对来说成本较低。很多时候，企业可以借助线下方式来引流。

也有很多公司是远距离地去接触客户，在互联网上让用户主动来找自己，这也是一种方式。单仁教育一直就是这么做的，通过 APP 提供在线学习和其他服务，把很多线下资源引到线上来。

企业一定不要把做互联网的业务局限在网络上，要清楚识别企业所有流量的特征、价值，同时尽量控制成本。如果线下成本低，就到线下去做；如果线上成本低，就到线上去做。

把用户从线上带到线下，不要纠结"在网络上成交"，很多生意还是要回到线下来成交。当顾客需要体验，需要深度交流的时候，企业要在线下给客户提供机会。

北京翰墨联合文化传播有限公司（以下简称翰墨联合）最初为大中型企业提供视频制作服务，后来受到单仁资讯课程的启发，公司重新调整定位和营销理念，将客户锁定为中小企业。过去，公司服务的是大客户，提供的视频因为拍摄内容不一样，价格可能就不一样，需要根据具体服务来报价。现在，公司提供视频营销整体解决方案，把无形的服务变成看得见的产品，明码标价。

很多人学了单仁资讯网络营销的课程之后，做法是构建网站，把线下推广变成线上推广。翰墨联合则是反其道而行之，之前是线上推广，现在走的是线下渠道，他们企业的网站在这期间依然经过了几次改版。这里面的营销逻辑是什么呢？

翰墨联合的营销逻辑就是，企业在线下渠道通过讲课进行推广，受众回去之后就可能会搜索公司的名字，这样流量就到了企业网站。这不是通过百度付费或者免费优化的方式去进行突破，而是先在线下推广，让流量跑到线上来，形成一个由下而上的营销逻辑。

翰墨联合线上线下融合得比较好，而且流量是从线下驱动来的，这种体系对于企业线下的产品和服务能起到很大的推动作用，可以把线下一些潜在客户全部引到线上的"池子"里。

拍摄视频很注重体验、注重场景化，本身就属于线下交易，翰墨联合是结合企业自身的资源来做营销，也就是"线上做营销，线下实现交易"。由此可见，企业必须嫁接到自己的资源上，才能够衍生出适合自己的方案。

3. 新时代、新经济、新经营

企业重新规划生意的时候，一定要改变思维，综合考虑各种技术和方法。

第一，不要分线上还是线下，要把线上跟线下融合起来去做。

我们都知道,客户线下买茶通常会先通过实际品茶做简单地了解,如果企业在线上做营销,如何让客户直观地了解这些信息呢?深圳市荔花村茶叶有限公司(以下简称荔花村)在网站上加入宣传视频,线上、线下相结合,带来很多询盘。

荔花村的定位是礼品茶,要想让客户在线上成交,最终的落脚点是从公众号引流到商城。荔花村从五个渠道、五个维度出发,包括微信朋友圈、今日头条、社群、语音播放及视频推广,先把客户引流到公众号,再引到自己的商城。

购买茶叶,线下体验非常重要,线上布局做得再好,如果客户看不到,没有自己的体验,就很难形成购买意愿。荔花村把线上、线下渠道打通,不断扩大线下店铺的规模,客户在线下店铺喝茶体验,然后在线上下单,既可以选择送到自己家,也可以选择作为礼品赠送给亲朋好友。

今天的新经济、新物种是完全从互联网的角度进入实体业态的,新时代、新产业的核心是重新定位服务对象,跟上年轻人的生活方式、消费方式,做到线上、线下相融合。

第二,不要用网络去改造传统产业,而是用产品和服务为用户提供更加系统的方案。企业未来要通过"产品+服务"来连接用户，如果企业既有独特的供应链，还能提供比较好的产品，用户就会认为这个企业性价比很高。

深圳市超卓联益电子有限公司（以下简称超卓联益）专注生产汽车电路板，后来成功地从传统企业向互联网转型。董事长艾斌分析了企业转型成功的原因，主要得益于通过互联网的营销思路找到精准定位，细分到汽车电路板这个市场，重新把企业在线下为客户创造价值的思路在网上呈现出来。

汽车电路板不是大众生活的快销品，并非人尽皆知，而是一个比较专业、细分的领域。在众多竞争者当中，如何通过网站把价值服务呈现在客户面前，让客户选择企业呢？

首先，企业坚持按照定位思维帮助客户解决问题。企业会咨询客户的具体需求，看与企业自己的定位是否匹配。如果不匹配，企业会建议客户另外寻找供应商，同时会推荐适合的供应商给客户选择；如果匹配，企业会全力帮助客户达成目标，在线下继续深入了解客户的需求，通过对后续生产、服务和成本等方面的再次精算匹配，共同商议。其次，针对客户的需求，企业会与客户进行二次沟通，包括年度发展计划、双方合作理念和方式等，在产品质量、交货期等方面持续提升对客户的深度服务。同时还会针对客户的需要，从互联网营销的角度给予客户在产品营销、定位等方面具有竞争力的反馈。2018年3月，公司启动了移动端与客户信息的无缝对接，客户关注的交货期、出货物流、检测报告、品质保证、历史采购信息等都能在手机端及时获取，减少了以往传统渠道的复杂路径，避免了信息传递失真，达到信息第一时间呈现，上下级同时可以看到，大大提高了管理效率和客户满意度。

超卓联益在行业内率先制定"汽车PCBI供应体系"标准，运用"智造+互联网"，成功导入"运用客户思维，帮助客户成功"的核心理念，按照客户需求来设计网站，把线下的服务体系和网站布局全部对应起来。本着"一公分宽度，一公里深度"的原则，企业细分行业、专业，把原来占用公司资源、利润率低、回款周期长的客户减掉，聚焦汽车电子部件客户，重新梳理自身优势，有效集中公司资源，抓住品质、成本、规范及客户订单这四个要素，践行"运用客户思维，帮助客户成功"的理念，用产品和服务帮助客户成功。

第三，企业进行互联网营销，不是简单地走上网，而是要用互联网融合整个经营过程，线下购买和支付也得在互联网上完成，这个时候就要有载体来沉淀用户，如独立的APP、微信小程序。其中，独立APP开发成本、维护成本非常高，而微信小程序未来的运营成本相对较低。这里重点介绍一下微信小程序，这也是助力企业精准进行网络营销的有效工具。

微信小程序的使命就是帮助用户更高效地满足需求，且已经彻底融入了我们的生活。有很多企业抢占先机，在小程序中做共享单车、外卖订餐、视频播放、游戏、线上教育培训等服务。甚至一些B2B企业也加入了小程序阵营，通过小程序进行内部培训、服务上下游、发布产品升级信息、售后服务、招商加盟、分销等。随着小程序的功能开发，B2B企业的应用场景比B2C企业更多元化。

大批企业之所以涌入小程序的大门，首先是因为海量用户已接受并开始使用小程序，而这些用户的流量获取是免费的；其次，微信出台的一系列规则，包括小程序名称唯一性、流量影响排名权重等，让企业必须先下手为强，否则就可能错失良机。

到目前为止，小程序有52个入口，包括6个快捷入口、7个小程序自身入口、6个搜索栏入口、6个公众号入口、10个二维码入口、9个微信场景入口及8个其他入口。本书中，我们不一一列举，仅筛选几个最常用的入口展示给大家。

· 微信【发现栏】入口

· 微信搜索页面模糊搜索

· 微信公众号主体信息查看相关小程序

- 好友分享和群分享
- 公众号自定义菜单跳转小程序
- 微信附近的小程序
- 微信钱包【第三方服务】
- APP页面跳转
- 长按识别二维码
- 微信聊天界面顶部
- 小程序跳转到另一个小程序

当然,并不是任意一款普通的小程序都适合企业本身,可以说,市面上大部分未经过二次开发的小程序都不能完全满足企业营销战略落地,因为企业真正需要的是营销型小程序。我们来看一个开发打造营销型小程序的案例。

2017年8月,长沙牙大夫找到了牛商网,要注册小程序占位。经过深度沟通,双方确认了两层分销模式(见图5-1)——A推介B,B预订的金额全部作为A的推荐奖励,同时B去线下消费可以抵扣双倍的预订金额。

这样既解决了牙大夫小程序的分销推荐、流量及转化问题,同时又解决了线上下单支付预订的问题。上线短短一个月的时间,牙大夫没有花一分推广费,还免费获得了300多个有效预约订单，颠覆了传统的先付费推广再获取流量转化的推广模式。在这个过程当中，除了巧妙的分销模式，关键在于营销型小程序的支付系统与分销系统，起到了免费获取流量和高效转化流量的高传播、高营销价值。

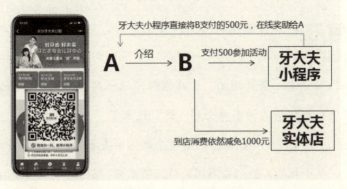

图 5-1　长沙牙大夫小程序及分销模式图示

在牛商网上通过营销型小程序取得惊人销售业绩的企业不止牙大夫一家。比如，"潜意识正能量"的卖卡小程序，上线 15 天就成交了 1414 单；"高云建材"的建材平台型小程序，上线一个月吸引了 100 多家实体店入驻，商家主动上传了 1600 多款产品；"牛祝福"的春节祝福类小程序，上线 15 天获得了 10 万次的流量，积累用户达 1.9 万人。由此可见，企业最需要的不是一个简单的占位小程序，而是具有精准网络营销的高效转化的营销型小程序。

4. 从线上到线下的导流

除了利用线下资源去引流，企业还可以把线上线索导流到线下。我们来看一下酒仙网是如何从线上向线下导流，店铺未开张就吸引了大批客户的。

酒仙网最近开了几个国际名酒庄，面积为1000～2000平方米，他们的店铺一开张，市区、街区周边几千米之内的竞品店基本上全部倒闭。在店铺装修的一两个月的空档期里，酒仙网已经把周边的客户全部"抓"过来了。

他们有一个团队专门负责用微信群去导流，只要对方加群就送一个小礼物。他们在不同的地点不断进行引流，有了40人左右，就移到线上去营销，跟大家互动，让群里的成员一起拉人。网站许诺如果群里的成员超过400人，每个人就都可以领到一瓶红酒。一瓶廉价红酒也就几十块钱，400人每人送一瓶，加起来也没有多少钱。

酒仙网在开业之前已经建了五六十个群，开业的时候，他们会在群里公布领酒的日期，到了那天，等待领酒的几百人排成一条长队。这种方法其实就是把顾客从线上导流到线下，新店一开张就已经有了好几万名用户。

二、全网持久盈利模式设计

对很多公司来说，怎么把短期的胜利变成长期的胜利是一个很重要的问题。企业要想把生意越做越大，首先就要留住原来的老客户，找到产品的更新周期，持续为老客户研发、更新产品。很多公司做不大的原因就是永远都在寻找新客户。单仁教育花了很大的精力去做学员俱乐部和牛商会，学员可以回来复训，目的就是把老学员留在身边。

1. 转型设计

全网持久盈利模式的第一步是转型设计。转型和升级是两回事，转型是指业务方向在转型，升级是指产品在升级，如图 5-2 所示。

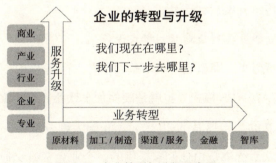

图 5-2　企业转型与升级示意图

业务转型是指原来做的业务跟后面做的业务之间已经陆续在放大边界。比如，企业原来只是做某个配件，随着对这个行业的不断熟悉，可以慢慢做整件，逐渐进入一个新的领域。

企业以前只是做产品，现在拥有自己独立的渠道，这也是一个很重要的转型。三星最初是给苹果手机提供配件的，后来自己开始生产手机，逐渐从某一个专业领域进入一个更大的领域。阿里巴巴也是如此，整个业务从汇率指数到一般的计算服务，后来涉及金融部分，现在开始做更多的数据服务，包括空间服务。

服务升级就是把更多的服务加到里面来。苹果最初是生产电脑的，后来开始做电子产品，如播放器等。客户买播放器，是为了能够更好地听音乐，于是苹果在互联网上做音乐生意，延伸了业务。可以说，苹果的胜利离不开服务的不断升级。

不难发现，这些做得好的企业，基本上都是沿着某一个方向不断往前走。所以，企业未来想要持续发展下去，就要不断挖掘新机会，持续开发后续产品。

2. 从短期盈利到长期盈利模式设计

企业要想变短期盈利为长期盈利，有三种模式可以借鉴。

第一种是 HPS 模式，也就是硬件加上软件。有一家公司是做摄像头生意的，市值是 3670 亿元。我国大部分城市交通监控摄像头的罚款系统都是由他们家提供的。企业免费给交通部门提供摄像头，然后从交通违章罚款里提点。从表面上来看，这家企业就是安装摄像头的，卖的是硬件，但他们帮用户把监控识别甚至罚款标准放到软件里面，给用户提供解决方案，这其实是内置盈利,软硬结合,把短期盈利变成长期盈益。

第二种是 PPS 模式,就是产品加服务。有位学员做木屋生意,很多景区经常购买他们家的独立木屋,包括少林寺、张家界等景区。木屋卖完了,他们后面就没有收入了。怎样把一次性的盈利变成长期的盈利呢?后来,他们换了一种经营模式,租下景区的某个地方,解决客户买了木屋没地方放的问题。这些客户肯定不会长时间住在木屋里,在空房期,企业可以帮客户出租,共同受益。

这位学员的做法就是把土地方、建造方、投资方、运营方和消费者结合起来,打造共享庄园,把这些人慢慢变成一个圈子,兼具生态休闲旅游和社交功能。这就把短期盈利模式设计转化为长期盈利模式设计了。

第三种是 SPT 模式,就是从服务到服务加工具。单次服务结束后,企业若想把用户留在身边,就需要打造一些能够让用户留下来的工具。就网络营销来说,企业负责人一定要学会利用合适的工具做精准网络营销。这是因为,随着企业对网络营销认知程度的日趋成熟,行业竞争也日趋激烈,网络营销的成本便会水涨船高。产品高度同质化,导致企业网络营销取得的效果变得越来越难。如果企业还是粗犷式推广,不精细化运营,网络营销成效会逐渐萎缩。若想事半功倍,就需要有精准的网络营销,更精准地让企业的产品或服务被每一个潜在客户找到,并且正好与客户的需求匹配,从而使客户产生信赖,进行咨询,最终成交。

考虑到众多企业的需求,牛商网打造了多种工具,帮助企业做精准网络营销。

其中有一款产品叫加页,是自助式精准营销网页制作工具,帮助企业针对不同的目标客户,轻松制作匹配需求的营销网页,如图 5-3 和图 5-4 所示。

图 5-3　加页展示 1

加页具有以下三个特点。

(1) 助力企业精准营销

加页可以匹配不同场景、不同地域、不同消费能力、不同需求的客户,由企业自行制作只针对该场景客户的精准营销落地页,更有精准性。

图 5-4 加页展示 2

（2）无门槛、低成本

加页制作无须程序代码，不会网页设计，也能可视化编辑制作。即使是一个只会 Word 文档编辑的普通文员，都能快速上手制作出大气高端的营销推广页。

（3）多应用，帮助企业灵活营销

加页既可以挂在官网上，为官网引流，又能形成隐藏页，让企业竞争对手看不见摸不着，巧妙地获取客户咨询。

总结起来，加页能够给企业带来以下益处。

· 提高网站竞价付费推广的效率、投入产出比，对不同的客户投放不同内容的广告；

· 内容精准、清晰，提升单类／单款产品的营销力；

· 一个页面将单类／单款产品介绍完，访客不会再点击其他网页，降低跳失率；

· 增加网站页面数，利于搜索引擎收录，以获得更多免费流量；

· 页面可以隐藏在网站里，防止竞争对手抄袭。

另一款工具是旋涡营销（见图5-5），为企业免费提供网站营销力诊断，简单方便，输入需要检测的网站网址，即可从营销流量、

图5-5　旋涡营销图示

客户体验、销售力、成交力四大维度的几十个分项上了解网站的现状，为管理者提供改善方向。在老板工具中，既可以获得广告禁用词、网站死链的相关检测，同时又能通过考试系统、学习系统提升团队能力。

牛商网就是要把营销型网站的标准变成一个免费测试软件，让企业随时去测试公司网站架构当中有哪些问题。

第三款工具叫空间图，是专门围绕公司官网，尤其是为营销网站打造的营销云，这里面有一个很重要的加速技术，可以快速打开网站。

总而言之，企业要根据自己的业务特点，用最好的运营手段把客户留在身边，把短期盈利变成长期盈利。

本章小结

1. 要想做好网络营销，以下两个关键性问题需要企业负责人去研究：第一，进入互联网的状态既然是"无远、无界、无我"，那么企业就一定要有清晰的策略、定位和方向；第二，企业要用最少的成本引入最多的用户。

2. 无论是市场结构还是销售结构，企业在互联网上首先要弄清楚自己要将信息投送给谁。

3. 企业进入互联网的定位策略要思考以下四个方面：第一，

模式决定方向，盈利模式是定位当中第一个要思考的问题，包括收益结构、交易对象、核心业务等；第二，重新思考基于互联网市场下的用户是谁；第三，要找到关键品类，通过该品类了解用户的状态和需求，最终提供解决方案；第四，围绕定位策略，找到自己的推广逻辑。

4. 网络营销，基于流量回流产生生意才是企业的真正目的。

5. 流量可以分为三类：第一类叫作刚需流量，第二类叫作稳定性流量，第三类叫作高频流量。

6. 企业要想把生意越做越大，首先就要留住老客户，找到他们的更新周期，持续为老客户研发、更新产品，很多公司做不大的原因就是永远都在寻找新客户。

第六章
甩开膀子做运营

企业要想实现网上盈利,需要有系统保驾护航,全网营销运营系统有三个核心结构:第一个叫作流程的不断优化,第二个叫作团队的快速打造,第三个叫作系统的全面界定。

第一节 不断优化销售流程,快速成交

说到流程优化,企业首先要梳理流程,梳理之后才能知道怎样优化流程,去掉中间的繁余环节,把不顺畅的环节打通。

一、网络营销的销售是如何实现的

网络营销遵循的是漏斗原理,从流量到询盘,从询盘到线索,从线索到成交是一个递减的过程。

网络营销的成交和传统的线下成交有哪些区别呢?线下成交

一般都是业务团队自己开发客户、跟进、洽谈，然后签单、付款，公司发货，一个人可以从头跟到尾。但是，网络营销很少有企业可以从网上接触客户并一直跟到成交，大部分企业的网络营销成交要分两步完成：第一步是线上接触客户，从询盘开始，通过互动筛选出线索，也就是目标客户。筛选出目标客户之后就要进行第二步，也就是移交到线下去跟进成交。当然，企业要是做零售业务就可以直接成交，否则就要分两步来完成。

筛选出来的流量越大，成交量不一定就越大。我们看流量主要看有效流量，流量很大，询盘为零，成交也会为零，关键还要看询盘转化情况。

要想询盘转化，就需要建立营销型网站，营销型网站的端点又可以分为PC端和手机端，所以PC端网站、手机端网站都要有。

接下来就是线索和成交，这是运营里面的重点内容。说到线索和成交，自然就涉及组建网销团队，具体配备几个人，一定要根据企业的实际情况来确定，因为这跟销售目标有很大关系。企业要一边梳理流程，一边梳理岗位。

营销型网站的即时转化率通常都在2%~3%，剩下大约97%的业绩都要移交到线下来产生。要想得到这97%左右的业绩，企业需要建立追销系统。追销系统是运营系统的子系统，其运营有两大关键。

第一,追得到。客户来自网上,线下的追销人员要想"追得到",信息必须准确。信息的提供者是客服,因为客服是在线上第一时间接触客户的人,通过跟客户互动、沟通、筛选、判断目标客户,拿到准确信息,再把这个准确信息传递给追销,追销才能把单追回来。

第二,追得回。追销从客服那里拿到信息之后,要立刻约见客户,持续跟进,直到把这个单追回来。也就是说,实际上直接带来网络营销业绩的是客服和追销,这两个人关系到最终结果。

追销的意义在于,2%的销售在第一次接洽之后完成,3%的销售在第一次跟踪之后完成,5%的销售在第二次跟踪之后完成,10%的销售在第三次跟踪之后完成,80%的销售在第4~11次跟踪后完成。追销里面有一个概念,就是3~5次转化成功的概率比较高。不过如果第10次被拒绝了,坚持到第11次,也有可能成交,所以一定要关注这80%的资源。

二、作为负责人需要关注的重点

网络营销中,企业负责人不可能面面俱到,关注每一个点,但是有几个重点数据,老板一定要关注,做到心中有数。

1. 有效流量

流量重要,有效流量更重要,企业负责人需要关注的是有效流量。所谓的有效流量,要符合两个标准:首先,目标客户要精准;其次,成本要低。企业负责人要有成本意识,在关注有效流量的同时还要关注成本。

2. 询盘率

询盘率也就是网站转化率。网络营销一定需要建立营销型网站,企业可以找建站公司帮助建站,但是网站的设计和策划一定要由老板带团队一起完成。

3. 线索——目标客户

符合企业标准的客户就是目标客户。对于所有来询盘的客户,客服会作一个判断,如果是目标客户,就会进一步跟进。每个企业的业务特点不一样,一定要有针对目标客户的判断标准。

4. 成交额

企业要通过场景化营销,做到让客户多笔消费。场景化营销包含两个方面:一是企业自己的营销要场景化,二是用户把产品用在哪里也要场景化。

长沙四星复合材料产品制造有限公司旗下的"四星环保"主要面向公园等场所出售垃圾箱,从2008年开始转型做网络营销。慢慢地,他们发现一个问题,来买垃圾箱的客户都会询问企业有没有雕像。从产品本身来看,雕像跟垃圾箱没有任何关联,但是现在有了用户场景,就关联上了。接下来,客户一来咨询垃圾箱业务,企业就主动告诉对方还卖雕像,并把这个信息放在网站副导航里。后来,"四星环保"与生产雕像的公司签约,只要接到雕像订单就去对方那里拿货。有一次,"四星环保"接到一个10万元的订单,其中3万元是买垃圾箱,7万元是买雕像。

企业负责人一定要改变思维习惯,考虑客户买回产品之后,在什么场景下用,那个场景下还需要什么产品,并通过场景营销提高成交额。

三、网络运营必做的五大工作

企业建立营销型网站的目的是提升市场占有率,实现利润回报,这就离不开良好、有效的网络运营。要想做好网络运营,实现高效转化,企业必须做好五项重要工作。

1. 提升流量

没有流量就没有销量,怎样做才能提升流量?

第一,付费推广。做运营必须关注数据,通常情况下,企业70%的流量是付费带来的,30%的流量是免费带来的。

第二,企业要建立图片和视频的资料库,为网站做背书和见证。我们前面曾介绍过"山里印象——绞股蓝"的案例,绞股蓝有一次被当作礼品送给美国拉斯维加斯的政府官员,并拍照留念,这种珍贵的照片就一定要保存到资料库里备用。此外,与客户合作的相关资料也要保存好,以后开展营销策划活动就可能派上用场。

第三,持续展开社会化营销。再好的创意,放到网上早晚也会被淹没,所以企业一定要持续去做推广。单仁资讯有一个公众号叫"单仁行",每天一期,雷打不动。只有每天持续推广,人们对这个产品才有印象。

第四,优化网站,使之符合搜索引擎的规则和标准,不断被搜索引擎收录信息,这样排名才可能靠前。

第五,收集邮件地址。客服在线互动筛选目标客户的时候,最好能拿到客户的邮箱地址,方便进行点对点、声情并茂的邮件营销。如果让客户选择留下电话还是邮箱,对方肯定愿意留下邮箱信息,以免以后被电话骚扰。而且,客户有时候会换电话号码,但邮箱通常很少有变化。

第六,注册B2B论坛,在论坛上发布信息。如果企业一上来就发广告,可能会被屏蔽掉,要先建立信任感,慢慢再去发信息。企业要多注册论坛,用以测试客户群,如果不适合,就可以舍弃再去选择新的客户群。

B2B是目前见效最快的一种推广方式,很多人选择SEO优化,SEO优化至少要等3个月才能见效,而B2B当天发布,第二天可能就会见到效果。

B2B发布也是需要方法和技巧的。

第一，在选择B2B平台的时候，企业需要搜索行业相关的关键词，找出排在前5页的平台并注册；第二，发布信息的时候，每一个标题必须含有一个关键词，当然这些关键词需要企业人员通过关键词挖掘工具去挖掘出来。一篇文章针对一个关键词，而且尽量是"长尾"关键词，太热门的关键词做不上去；第三，为了避免雷同，要做到独树一帜，在发布信息前，一定要查询同行业的产品是如何发布的，从而找到突破口，通过改变样式、丰富内容等方式，做到内容新颖、吸引客户；第四，产品发布之后，要定期刷新，避免过了有效期而被下架。

深圳市拓维模型技术有限公司专业制作手板模型和快速模具，随着整个市场经营向互联网转移，企业发展遭遇寒流。后来，企业通过重建营销型网站、付费推广、开发B2B平台，在阿里巴巴上线的第一个月便接到有效询盘43个，成交订单17笔；公司官网进行改版后上线的第一个月，收到有效询盘18个，当月成交9笔，销售额从原来的几百万元提高到上千万元。如何有效提升流量，花更少的钱获得更大的推广效果？董事长欧国军为我们做了以下分享。

第一，根据营销型网站必备的因素来分析企业网站。如果网站具备营销性质，就可以开通百度付费推广，否则即使做付费推广带来了流量，也不能产生转化。

第二，优化竞价的关键词。因为关键词的优化是竞价优化的核心，不同的关键词带来的点击率和流量转化率是完全不一样的。有些关键词只会增加点击率，但没有流量转化率，这是竞价排名最忌讳的；有些关键词虽然具有针对性和目的性，但不容易被用户搜索到。所以在优化关键词时，企业要根据用户的搜索习惯以及这些关键词可能带来的优化效果进行重点优化。

第三，要搞好百度竞价的创意，提高点击率。点击率越高，关键词的质量也就越高，从而以更少的费用获得询盘。

第四，关键词的数量和竞价的费用密切相关。关键词越多，竞价费用就越高，要通过优化将性价比不高的关键词筛选掉，留下高转化率的关键词，以便获得良好的排名，这样才能够增加百度竞价的优化效果。

2.询盘转化率提高

要想提高询盘转化率，企业需要做以下四件事。

第一，优化网站登录页。用户到达企业网站的第一个页面叫作登录页。登录页的优化或者设计，在整个网站设计过程中的权重占

90%，通过这个页面可以直接筛选出目标客户。通常情况下，用户是通过关键词引流来的，所以企业的关键词和网站页面路径关键词必须匹配。

苏州依斯倍环保装备科技有限公司（以下简称依斯倍）是一家中外合资企业，创始人拥有38年欧洲服务行业从业经验，致力于工业废水处理一站式解决方案，客户包括中石化集团、宝钢集团、美的集团、博世集团、麦格纳集团等世界500强企业。

依斯倍的官网建立之初，将公司新闻动态放在首页，并翻译成中、英、美、日、德五种语言，这样一个"高大上"的官网流量却寥寥无几。企业网站是模板网站，页面基本不被百度或360等搜索引擎收录，网络销售业绩为零。

董事长常英意识到必须做出改变，顺应互联网时代潮流，于是她选择了单仁资讯的互联网营销系统课程，对互联网时代的企业经营有了全新的认识："要站在客户的立场、适应搜索引擎的习惯去做营销。官网是一个公司的门面，也是互联网思维营销的第一步。"

在调整思路后，注重互联网思维的依斯倍新网站上，产品一目了然，分类清晰，关键词简单明了。新营销型网站2014年5月正式上线，一个月后就接到了有效询盘，之后网站流量逐步上升，相关关键词在百度快照排名靠前,有效询盘数从原来的每月16个,增加到如今每月50个。2014年,网络销售额达到1000万元,2015年突破1500万元。2017年达到6000万元,其中网络销售额达5200万元。

"在花费同等推广费用的情况下,对比参加各类展会及传统广告形式,通过互联网能够带来更直接、更精准的客户群体。"常英说。

通过全网营销推广,依斯倍的网络业绩占公司全部业绩的比例,从零起步迅速提升到现在的80%。常英表示,伴随着移动时代深入生活,依斯倍将网络营销放到企业发展布局的重要战略规划中,今后将在移动品牌推广上加大投入。

常英坚持"用户导向"原则,"我们会对网站改版,加强与客户的互动,让客户看到新内容和提供他们想看的内容。"

第二,合理布置探头。探头就是用户在网上进行咨询或者购买的工具,主要包括电话、在线沟通工具和留言框。对企业来讲,探头就是成交信号,要在恰当的位置设置探头,让用户有需要的时候能够快速进行咨询。从营销的角度来讲,探头还是成交信号,客服一定要保持敏感度。

第三,建立用户问题库,也就是客服要整理用户来访时提出的问题,按照提问的频率排序,整理出答案放到网站上。当用户有疑问的时候，能在网站上直接看到答案，有助于加快下单速度。

第四，建立客户资料管理系统，便于客服和追销对接、追踪客户资料，避免丢单。

企业要做询盘转化，就要跟网站打交道，网站运营如果做得好，就有利于进行高效转化。如何运营网站呢？我们来看一看"网站运营三部曲"。

第一步，分类客户，精准营销。

之所以要分类客户，首先，盈利模式不同，目标客户也不一样。批发、定制这两种盈利模式可以在同一个网站呈现，但如果还有其他模式，就要分开建站。因为批发类客户关注的是价格，定制类客户关注的是价值和其独特性。

其次，客户地域不同，对同一个产品关注的需求点也不一样。对于高档别墅木地板客户，南方与北方客户的要求也不一样，北方的客户需要防干裂、防冻的木地板；而南方客户需要有防潮、防虫功效木地板。如果把南北客户需求放在同一个页面，他是能打动南方客户还是北方客户，可能二者需求都被稀释了，成功率也许还不到一半！

再次，应用场景不同，客户对产品的要求也不一样。以珠宝行业为例，每一家珠宝公司都有许多款产品，以产品属性分类，可以分为黄金、铂金、钻石、银饰、珍珠等；按消费人群划分又可以分为少女、女人、男人、老人、孩子等；以使用场景划分又可分为婚庆、拜寿、满月、生肖、礼佛、保值升值、藏品等。不同使用场景，要为客户提供不同的产品体验，这就需要用不同的页面内容来营造。

最后，认知程度不同，客户对产品认知的点也不一样。比如，客户要买代步车，一般先会在网上按照理想的价位搜索有哪些品牌，了解完之后他的认知度又变了，就会针对某一款车搜索。所以客户每个时间段对产品品牌、口碑、价格的认知都会发生变化，搜索的关键词就不一样。

企业要做到精准营销，需要注意两大关键点：精准流量和转化内页。

我们借鉴荔花村的网站设计，具体看看网站应该如何精准营销。网站首页，上面的数字很吸引人，"16位专业礼品设计师，17年专业礼品茶定制经验，2000亩生态茶园与现代化工厂"，顿时让顾客觉得这家公司实力不错，如图6-1所示。

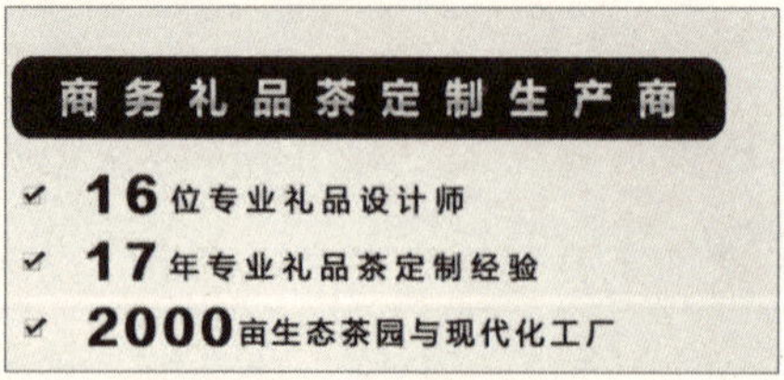

商务礼品茶定制生产商
- ✓ **16**位专业礼品设计师
- ✓ **17**年专业礼品茶定制经验
- ✓ **2000**亩生态茶园与现代化工厂

图6-1 荔花村网站展示1

网站内页整体设计简单明了，指引着用户一直看下去。荔花村的定位是专门提供红茶礼品定制的服务商。礼品定制哪家好呢？荔花村给出了自己的产品优势——健康礼品，灵活搭配，免费设计，如图6-2所示。

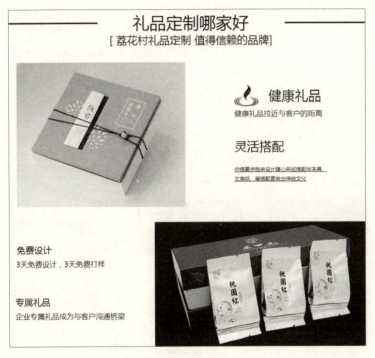

图 6-2　荔花村网站展示 2

再往下看，它是一家怎样的企业？全国较早的一家，行业较专业的一家，定制理性化的一家。用了一个字"较"，如果写"最"，是要受管控的，这就是整体的设计策划，如图6-3所示。

图 6-3　荔花村网站展示 3

这样一来,客户自然就会往下看,它到底哪里值得信赖呢,如图6-4所示。

图 6-4　荔花村网站展示 4

先沟通需求,然后给设计打样、签订合同,接下来加工生产、物流发货、交货验收,六大步骤,图文并茂,简单清晰。

接下来说流程,时间根据顾客的需求来定;价格控制在顾客预算之内；质量绝对有保证，因其有2000亩生态园，占地面积3000平方米、现代化的加工厂等，介绍很简单，但是说的都是顾客想知道的；物流费用由企业承担。

最后，"创意礼品哪家好"，再次告诉顾客，还是要选荔花村，通过金融业、物流公司、培训企业来见证，如图6-5所示。

图6-5　荔花村网站展示5

这个页面设计转化率高的原因就在这里，它的每一个字、每一个词都很关键，符合年轻客户的想法，简单明了。

第二步，内容要优化，排版要美观。

网站内容要单独策划，不断优化，排版要美观，要图文结合，这样转化率才会更高。

内容优化：内页要围绕一个关键词展开。文章的标题必须包含该关键词，第一段和正文中必须出现该关键词，标签页也要包含该关键词。也就是说，同一个关键词在页面中至少要出现三次。

至于排版要图文结合，本书后面有详细介绍，此处不再赘述。

第三步，相互关联，延伸购买。

企业要先观察客户的浏览路径，根据客户习惯，看他们进来之后看什么，来优化网站内容布局。我们可以用热点图，也叫热力图，来检测企业的浏览路径受不受客户欢迎，分析客户的相关需求，设计产品相互推荐。

我们来看一个售卖铝合金推拉窗的网站。它先介绍推拉窗的性能，接下来告诉客户，企业可以高级定制直销，不但有推拉窗，还可以定做门。客户要买窗户，一般也会同时买门，这就是对用户场景的应用。企业要解读客户的潜在困惑，让产品之间直接相互关联、介绍、推荐，通过相互关联来延伸销售。

小程序出来之后，很多人在问小程序哪家公司做得好。假如搜这个关键词，进到牛商网，主导航里有营销型小程序，文章名就叫"小程序哪家公司做得好"。牛商网知道这段时间人们都搜这个关键词，专门写了这篇文章，有的人点击进来就直接购买了。这是靠文章来做布局，也是相互关联。

3. 业务成交率提升

企业要分析评估追销，确定追销上来的订单是多少，尽可能在周期范围内把单追回来，这有利于提高业务成交率。单仁资讯要求所有的追销人员拿到线索后立刻就要去跟单，一般3~5天就能跟下来，这就是我们的周期。

海纳尔主要做屋顶绿化、防水业务，2008年接到了华晨宝马的订单，是当时企业从网上接到的最大的一笔订单。让企业感到惊讶的不是金额，而是速度。像这样的订单，传统的销售方式一般至少要3个月才能签单，支付首付款。但华晨宝马这个订单是主动从网上找到企业，见面、洽谈、签单只用了一周时间。

华晨宝马要做屋顶防水，当时网上做屋顶防水的企业并不多，对方搜到的都是海纳尔。到底海纳尔值不值得信赖呢？他们安排了三个人以不同的身份打电话咨询，但是他们没有打400开头的电话，也没有打座机，打的是网站上留的手机号。那个手机号是老板的电话，对方的电话直接打到董事长余露那里，三个人通过不同的身份分别来了解公司情况，后来他们又派了三个人到公司、到厂家微服私访。就是因为在见面之前，对方对海纳尔的不信任等问题都已经解决掉了，见面就是直截了当地洽谈具体的问题。

这个案例告诉我们，企业要把追销的周期跟原来自己开发客户的周期作比较，进行分析评估，然后确定正常的追销周期。

客服在网上接待询盘，一个客服通常要配3～5个追销人员，询盘流量越多，线索越多，追销要配的人就越多。追销跟单做好了，对成交非常有帮助。

追销系统之所以重要，原因就在于客服与追销之间的互动比较频繁。追销要么给结果，要么给原因，成交了要告诉结果是多少，没成交要说明原因，然后再持续跟踪。客服要持续跟踪，追销要持续反馈，客服和追销之间互动频繁，差不多每天都要打交道，他们的黏合度好，转化率肯定高。

4. 快速传播

今天的网络营销已经是移动时代的全网营销，光成交还不行。客户购买、认可了企业的产品，如果他能帮企业做宣传，就可能带来更多的关注和成交，赢得良好口碑和销量。因此，企业要建立传播机制，让大家自动、自觉、自愿为企业传播。

第一，企业必须精心设计传播机制，让客户愿意帮助传播。

第二，企业要做好传播源的策划。人们要转发，必须要有内容，而且这个内容一定是大家愿意发，谁看了都喜欢的。"单仁行"的内容一定会结合近期的推广策略，很多人都在自动自觉转发"单仁行"，这个效果就是我们通过精心设计来实现的。

第三，在哪发——传播工具，企业微信公众号、今日头条等，都是可以发的。企业要建立传播渠道，全体员工是第一个渠道，全体客户是第二个渠道，员工微信朋友圈转发是第三个渠道，客户微信朋友圈转发是第四个渠道。如果大家持续转发，公司的知名度慢慢就会越来越高。

第四，做思想政治工作，让员工明白传播出去会给企业带来什么好处，作为企业的一员，有责任、有义务做这件事。

江苏圣澜服饰创意有限公司旗下校服品牌"同桌的你"，近几年借助网络营销的翅膀，将业务范围从江苏扩展到全国各地。企业获胜的一个法宝就是全员营销推广模式。财务人员、行政人员甚至司机，都可以通过学习来掌握免费推广的方法。根据自己的能力和时间利用微博、博客、视频来进行推广，完成一定工作量给予相应奖励（每月1号发奖金）。如果产生订单，则会有相应的提成，大大激发了全公司员工的推广激情。付费推广采用"广撒网、重区域"的方法，关键词广撒网，将与自己业务相关的关键词全部投放出去，通过测试之后，再进行合理化删减。在自己未拓展的地区，增加投放力度，在一些校服采购大省市地区也进行重点投放，这就是重区域。通过这两个方针的有效实施，让投入产出比达到一个最合理的范围。

传统的转发介绍，过年要请客送礼答谢客户，希望对方多给企业转发介绍客户。现在这种转发介绍还可以多一种方式，就是让顾客愿意自动为你传播。你每天发自己的微信朋友圈，再直接一对一发给对方，对方喜欢就会转发，这样一来就有可能带来新的流量。全网营销，企业要进行快速传播，设计传播机制，开发传播内容，铺天盖地持续转发。

5. 成果合作

有些企业还可以再多走一步，叫成果合作。再多走一步是指什么？比如，客户将企业产品转发到朋友圈，就有很多人跟他互动，说自己也需要这个产品，能不能帮忙引荐一下，它的质量怎样？价格是不是有优惠？如果问得多了，这个客户可不可以跟你合作，成为你的代理商？要想成功合作，双方可以商量合作机制。第一点是利益驱动，也就是分成；第二点是情感驱动，双方多年来合作愉快，关系比较好，可能不需要分成；第三点是荣誉驱动，可以是口碑、荣誉等形式，让对方有荣誉感。

以上五步就是移动互联网时代的深度营销战略。就传统时代来讲，三步就成交了，而移动互联网时代需要五步，因为光成交还不够，企业需要的是源源不断的成交量，所以企业要多走"两步"。

第二节　快速打造网销团队，坚守三个"一"

组建团队，更重要的是打造团队。我们说的团队概念有三个"一"。第一个"一"是目标，不管团队有多少人，目标只有一个。第二个"一"是步调一致，所有的工作都是围绕目标展开的，团队成员要做的一定是为目标添砖加瓦，或者雪中送炭。第三个"一"是不管团队有多少人，都要一条心。这些人可能性格迥异，但是一定各有所长。团队成员的年龄、性别和每个人的特点都应该互补，这个团队才是稳定的。

用心打造一个团队比单纯组建一个团队要有意义，人数不一定多，但是它一定具备三个"一"，这个团队才能稳健发展，一个人能顶多个人，最终实现企业目标。

一、团队组建，选对人是关键

团队要的员工，一定是以老板的心态来工作，而不是以打工者的心态来工作。为什么团队需要打造？因为只有通过打造之后，员工才有这种心态，有了这种心态才能胜任这项工作。

1. 怎样选对人

打造团队，选对人是大前提，人对了事情就对了，人要是选不对，想打造也不可能。企业负责人要慧眼识人、选人，对方现在能力强弱不重要，一经培养、打造就能成为你想要的人，只要具备这种潜质，就是团队要选的人。

网销团队有三种人：第一种是决策型人才，如老板、运营总监；第二种是技术型人才，如美工、程序员等专业人员；第三种是操作型人才，推广、客服、追销都是操作型人才，他们直接创造业绩。网销团队直接创造业绩的人既不是决策人，也不是技术员，而是操作型人才，操作型人才越多，给公司创造的业绩就越多。

团队选人，一定要根据公司的文化、老板的管理风格、现有团队人员的特点来进行分析评估，拿出标准，这样选拔才能降低招聘成本。

标准有了，人从哪里来？当然要聘之有道。

如果企业现在还没有组建团队且需要迅速组建网销团队，方法有三种。第一种方法是内部选拔，第二种方法是外部招聘，第三种方法是内容兼职。为什么要先内选再外招？内选的人，优势是了解公司，了解产品，了解销售，而且忠诚，值得信赖；不足的是没做过网络营销。但大家知道，今天的网络营销，只要学习，大家都可以做到。外招的人，优势是有网络营销经验，如做过推广或者客服；不足是对公司和产品不了解。

我们要在一个月之内组建团队，三个月内见效果，肯定是第一种方法更容易实现。有一点需要强调，不要内选太多，最多选三个岗位，他们要认同企业文化，符合团队风格，适应岗位要求。其他的人全部都可以外招，再进行内部监督。

第一个岗位是客服，一定要是做过销售及跟过单的人。销售人员工作3～5年之后，激情会减退，不太愿意去开发新客户。这时给他换个岗位，不需要开发新客户，只是接待来访客户，他肯定会积极主动去工作。除了有销售经验，客服人员做事还要有条理、有耐心，能耐得住寂寞，80后、90后都可以胜任。尤其是女性客服更理想，因为男性事业要发展，要不断晋升，常年做同一项工作可能会厌烦。选客服，最好的办法就是在业务团队里面选一个职业倦怠、没有冲劲但能力还在，而且又值得信赖的人。

第二个岗位是推广。推广的工作是发现客户在互联网的哪个区域活动，他就要主动出击，去把这个客户抓取过来，也就是说，客户在哪里，他的推广就要做到哪里。推广可以没有销售经验，但一定要有营销技巧，而且要有创意，喜欢研究目标客户，能够主动出击抓住客户。相较而言，90后男生比较合适。

第三个岗位是编辑，要有网感，熟悉互联网语言，具备基础的文笔能力。编辑一定要感性，才更容易感动用户并把他们吸引过来，这时女生可优先考虑。

2. 选拔面谈时谈什么

无论是内选还是外招，都需要面谈。如果内选的话，可以谈一谈为什么要把他转岗到网销部，一定要告诉他网络营销的梦想，让他知道在网销部，是让有梦想的人实现梦想，让没有梦想的人创造梦想。首先，肯定对方，告诉他企业需要像他这样踏踏实实工作的人。然后，大致说一下具体工作内容："和你原来的工作内容差不多，只是现在不用那么辛苦了，不用天天往外跑去找客户，网上只要有人来访问，你就接待他，跟他互动，筛选出他是不是目标客户。只要他是目标客户，你就把这个线索给到追销，追销跟进成交了，你这边就有绩效提成。"如果这个员工担心没有经验，做不好，你要告诉他不用担心，"以公司对你的信任，以你的特点和能力，只要去学就可以做到，企业会派你去学习，大力培养你。"

外招面谈也一样，你要告诉他公司网络营销的梦想是什么，今年准备做多大规模，他的具体工作是什么，收获是什么，如工资跟绩效挂钩，做得越好拿得越多。

无论内选还是外招，最重要的都是要看意愿。尤其是内选，更要看意愿，意愿比能力更重要。二次面谈时，就可以谈他在这里的发展和未来，"现在你是客服专员，接下来你还有机会晋升主管，甚至晋升经理，这条路给你铺好了，而且销售额越高，你的提成也越高"。这两点谈完就可以通过了,这就是选人。

3. 怎样明确职责

任何一个团队都要有明确的岗位职责和分工,网销团队的基础架构是4个人,如图6-6所示。

图6-6 网销团队的基础架构

从职责上来讲,推广主要负责导入有效流量到营销转化平台,包括付费推广、免费推广、自媒体推广和社群推广。推广要主动出击找客户,所以他必须熟悉目标客户,知道目标客户都在哪个区域活动,怎样才能把客户吸引过来。

编辑主要负责更新网站内容,提高网站转化率;撰写便于传播的软文发送到各大新媒体平台;要将公司的品牌、产品、客户见证同步发送到第三方平台;分析文章质量并将其转化为效果,并发送报告给领导。

在线客服主要是将有效流量转化为有效线索,要主动邀请网站的访问者并进行对话,获取线索。客服要保持敏感度,要有销售意识,发现信号要主动跟对方沟通,将获取的线索分配给追销,然后跟进，并且将网络咨询的客户统一添加到公司的微信群中。

追销要及时跟进客服分配过来的有效线索，按照公司设计的流程跟进客户，将有效线索转化为订单；根据成交周期对客户进行分类，然后持续跟踪和反馈信息；每个月根据签订的合同录入资料，然后开票、催款。

网络运营总监就是管控网络运营过程的人，完成公司的目标。总监要追踪每个岗位的目标是否完成，推广有流量目标，客服有线索目标，追销有成交目标，如果进展不顺利，找出问题马上解决，然后对工作给予认可和鼓励，同时多维度地分析网络各项运营关键性指标。

综上所述，从职责上来讲，推广主要负责导入有效流量到营销转化平台，编辑主要负责更新网站内容，提升网站的转化率。在线客服主要是将有效流量转化为有效线索，追销是将有效线索转化为订单，而总监就是管控网络的运营过程，完成公司的目标。

二、如何快速打造团队

职责明确了，接下来就要快速打造团队。符合三个"一"——一个目标、步调一致、一条心，这样的团队才是有凝聚力和战斗力的团队。

1. 以文化人

团队要想有凝聚力和战斗力，首先，要"以文化人"。企业招聘的人来自不一样的成长环境，要让他们成为企业需要的人，就需要通过企业文化来改变他们。每个企业都要有自己的文化，没有文化的企业是走不远的。文化是什么？是魂。团队小规模的时候是亲情管理，中等规模的时候是制度管理，规模大了一定是文化管理，也就是不需要你管，团队成员都在这个文化和制度的约定下自动、自觉遵守。任何一个人接受了公司文化，成为公司合格的员工之后，这个人就是公司文化的传播者，任何后来的人都要把这个文化传递给身边的每个人，这叫"以文化人"。

"以文化人"的核心就是一个人影响另一个人，这个人不需要说什么，只要他认可公司的文化，他的一点一滴都会影响后来的人。

文化要通过仪式感来渗透。就像升国旗仪式，国人的神圣感、自豪感油然而生，公司也要有仪式感，让每个企业人对公司的文化、制度心存敬畏，让他感觉到工作神圣不可侵犯。单仁资讯每年7月去旅游，无论走到哪里，都要有一个仪式，就是诵读司训，引得很多人围观，但我们所有人在那个时候都感觉特别自豪，这就是文化。

2. 以培升智

有人说企业是家，其实企业不能是单一的家，企业首先是学校，然后是军队，最后才是家庭。为什么先是学校？因为先要立规矩、培养人才。为什么再是军队？因为员工要把在这里学到的东西展示出来，要能给企业打胜仗，把订单拿回来。要给他立规矩，要把他培养成企业人，他才能为企业打胜仗。所以企业先是学校，再是军队。打了胜仗之后，军功章有他的一半，这时家庭的温暖和带来的归属感，才能够体现出来。

广东酷优优智慧家居有限公司（以下简称"酷优优"）致力于成为中国最具影响力的全屋整装智慧平台，企业以"为便捷和品质家居生活奋斗终生"为使命，融合了人工智能新技术的自主化生产，打造贯通线上、线下的全方位服务，发展势头强劲，2020年的目标是突破营业额100亿元。"酷优优"的成功，离不开独特的企业文化。公司目前设立了三种文化：一种是学校文化，让员工在企业中不仅收获事业，更能收获知识，能够快速成长；一种是军队文化，就是立即执行；一种是家庭文化，让员工在这个平台工作感觉像在家一样温暖。企业把这三种文化融合在一起，让团队更好地成长。

考虑到员工为企业的付出，为了让员工得到更好的回报，企业为员工设立了爱心基金，母基金5万元，由企业提供，每个员工每个月再从工资里提供10元。如果员工本人或者家人出现状况，急需用钱，这个基金就派上用场了。如果基金额度不够，差额会由公司代为支付。

公司现在所有的团队都是"90后",考虑到未来5年左右,员工会结婚生子,公司还会设立幼儿园,让他们的子女享受良好的学前教育。在公司工作5年以上的员工,他们的父母到了退休年龄后,可以每月领1000元养老金,这就相当于多了一份商业保险。

"取之于民,用之于民。"企业设置这样一种文化,员工当然会努力工作。"酷优优"的管理不但体现着创新精神与共享思维,还显示出专业素养与团队协作精神。

3. 以训赋能

成功的企业都非常重视通过企业文化建设来打造团队。无独有偶,江苏圣澜服饰创意有限公司成功的另一个法宝就是团队打造,用培训来提升员工职业素质。同时,用绩效激发员工工作激情,用会议总结员工工作结果,每月举行行政评比会、大牌生日会、零单会、冲刺会、月度总结会,关心、关注员工,以文化人。

当然,企业打造"家文化"是对的,但企业和家庭完全是不一样的管理方式。一言以蔽之,企业在结果中找感觉,而家庭在感觉中找结果。企业要的结果是利润,任何一个人,只有给企业创造了利润,才有家的感觉。

"聘之要有道,训之要有术",员工最大的梦想是成长,所以企业要舍得投入培训经费，让员工通过学习不断成长，这样才能释放他们的能量。培养团队虽然花费的时间最多，却也是内部最重要的一件事。如果团队不壮大，公司的任何战略都无法实现。

第三节　全面建立运营系统，确保企业稳赚钱

我们在梳理流程的时候，网络营销是从哪里来的？我们在组建团队的时候，谁来帮企业赚钱？用什么方法保证赚到钱？解决这些问题都需要建立运营系统。

一、为什么要建立报表系统？

数据是最具说服力的，所有的决策都要有数据作为依据。你想要完成多少目标？你需要配备多少人力资源？你要增加的销售额是多少？每个月的计划是什么？这一切都源于精心的策划，一切都要围绕你想要的结果进行布局。心中有数，指挥才有度。

1. 全网运营需要哪些数据？

一是销售额。销售额到底要不要优化？哪里需要优化？哪些环节复杂？哪里需要打通？无论是定位、推广还是网站，都是动态地在变化，具体怎么变，都要通过数据来确定。

二是工作效率。推广每个月带来的有效流量,客服带来的线索量、转化率和订单量,这些都应该是一个具体的数字,如果他们不能如期完成,企业的人力成本、时间成本肯定会增加,所以人员的工作效率最终都要通过数据体现出来。

三是客户的消费行为。推广人员从网上拿到资源后,要第一时间给客户打电话预约见面,可以是推广去拜访客户,也可以是把客户约过来。资讯行业的周期是三天到五天内的转化率最高,错过了这个时间,客户的购买意愿就慢慢地弱下来。所以,企业一定要通过分析客户的消费行为,选择最有利于成交的方式。

四是流量数。企业流量很多,精准流量也可观,但这些数据都是从哪里来的?是关键词带来的,还是第三方网站带来的?是热门话题带来的,还是自媒体带来的?我们在分析各种数据的时候,就会发现这些数据背后所呈现的问题。如果是流量关键词带来的,那么说明企业的关键词投放和网页、页面路径匹配做得比较好。

五是询盘数。通过热力图来分析牛商网,我们发现用户喜欢在线直接问,而不喜欢留言。也就是说,他们喜欢互动,那在询盘这一块就需要进行改版和优化。至于如何进行改版和优化,需要根据具体数据来确定方案。

六是线索数。有了线索之后,客服要将这个数据进行分类,成交的要拿出去，没成交的重新分析，所以这个数据是不断变化的。

七是成交率。在线下单、上门拜访、邀约参观、业务跟进这几种形式，哪一种最受欢迎？哪一种有利于加快成交？追销一定要在追踪周期内拿到订单，这也要看数据。

八是转化率。转化率包括流量转化率、询盘转化率、线索转化率、成交转化率。通常情况下，负责人只要关注3个月，就会确定企业的转化率。通过持续运营，即便转化率提升百分之零点几，都可能带来多个订单。

九是成本，包括线索成本、流量成本、成交成本。企业这个月花了多少广告费，现在有多少有效流量，每个有效流量平均花费多少钱，有了这个概念，你才知道要不要投广告。另外，你把这个线索交给追销，就能知道他成功带来订单的成本是多少。成本相同，但是订单额度不同，给公司带来的利润肯定不一样。

青岛丰东热处理有限公司（以下简称丰东热处理）专业从事热处理加工与热处理装备研发与制造，经过网络运营团队的线上运营，企业各项关键词排名均可进入互联网各个搜索引擎的前两页，一些主要品牌关键词和产品关键词都在首位。每年新增互联网客户近百家，占新开发客户的85%。谈到企业成功的经验，董事长吴俊平认为，这和企业重视数据积累，每月分析数据并对推广计划进行调整密不可分。

在互联网营销过程中，丰东热处理非常重视通过数据做运营分析，电商团队在每日晨会、周会和月会上，会通过百度后台统计分析展现量、浏览量、跳出率、询盘量、有效询盘量等数据，据此持续优化各个关键词，使其符合访客的搜索习惯，增加有效询盘。对于免费推广，企业会确定每天需要发往各平台网站的文章数量、质量及来源，持续增加网站的权重，使付费推广和免费推广相得益彰。付费推广确保网站排名在前三位，而免费推广可以使网站在百度快照稳居前三，或者多点展现，以此为目标，确保网站健康运营。

数字是会说话的。在平时的工作中，企业要做好数据积累，如对网站流量、平均访问时长、询盘来源、询盘方式、询盘关键词、询盘产品、询盘地域等进行详细的统计与分析，并根据数据灵活调整推广计划。

2. 如何获取数据？

企业要做推广，推广带来流量，流量带来询盘，询盘转化为线索，线索转化为成交。假设通过推广带来了5000个流量，其中

3000个是有效流量,那流量的精准率是60%。询盘转化率在2%~5%都是正常的,如果超过5%则说明做得很好,如图6-7所示。

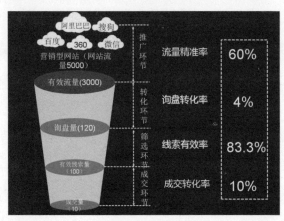

图6-7 询盘转化图示

图6-7所示的询盘转化率为4%,来询盘的几乎都是目标客户,说明目标客户分析比较准确。如果大部分客户都是关键词路径匹配来的,说明关键词投放、网页设计做得也很好,目标客户来了就会有转化。

成交转化率是10%,这个低一些,原因是什么?如果线索符合目标客户的筛选标准,那就是追销的问题,反之,就是客服的问题。如果它符合筛选标准但没有转化率,那就可能是追销力度不够或者方式不对。

以上这些数据都可以引发我们的思考,引导我们去分析到底问题出在哪里,一旦找到这个问题并予以解决,这些数据立刻就会发生变化。作为企业负责人，你每个月要有《免费推广数据统计分析表》《付费推广数据统计分析表》《新媒体数据统计分析表》《客服询盘信息分析表》《月度目标分析表》《客服转化率统计表》《销售转化率统计表》《关键词分析表》这8个报表，将你的目标进行分解：销售目标，流量目标，线索目标，广告预算。大家一起商讨、分析、解决问题，网络营销才会持续、不断地发展。你可以通过CNZZ（友盟＋）和百度统计等工具来获得报表。你想要的数据，这些工具都可以给你。

二、为什么要建立会议经营系统？

企业要有预见性，预测到某个时间节点可能会发生的问题，一定要在那个节点召开会议，就是为了及时发现问题并予以解决。最好的办法就是建立会议经营系统，就企业来讲，它涉及"日、周、月、纪年"会议系统。针对网络团队，重点是"日、周、月"会议及早报系统，如图6-8所示。

先说日早会，也就是公司全员要开一个大早会。为什么要开大早会？有没有必要开这个会？

"90后"和"00后"已经或即将成为职场里的主力军，这些年轻人希望得到一个轻松、愉快的工作环境。企业需要给大家营造这样一个开心工作、快乐赚钱的环境。早会可以起到这个作用，加油充电，疗伤止痛，让大家迅速进入工作状态。对于有销售团队的企业，销售团队的人数占比一般较高，这些人在销售过程中经常遭到拒绝，遇到各种问题，企业可以通过每天30分钟的早会让他们有一个好心情。早会重在营造氛围，调整大家的心态，让大家有一个快乐的理念。因此，企业在经营的时候，尤其要注重打造幸福型企业。企业的文化一定是在管理的点点滴滴中渗透下去，而早会就是传播企业文化非常好的一种方式。

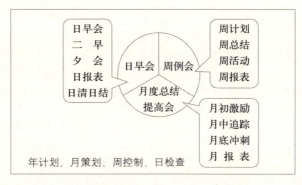

图6-8　日、周、月会议与报表

广东精琢皮具科技制品有限公司之前做的是传统制造业的工作，董事长罗良磋参加单仁资讯策略班以后，带领企业走上了互联网之路，组建了营销型团队。之后大概两年半的时间，公司的业绩100%来自互联网。2016年，公司的营业额超过3000万元，达到了新的巅峰。在罗良磋看来，公司能有今天的成就，离不开企业文化的建设。

广东精琢皮具科技制品有限公司的招聘流程非常严格，在选人这方面花了很多时间。新员工上班的第一天，公司会为他准备欢迎新员工入职仪式。经过一个星期稳定下来以后，公司又会为新员工准备第二个仪式——拜师。考虑到新员工通常会有一两个月的彷徨期，公司会给每位新员工安排一个负责"传""帮""带"的师傅。

从生活到工作，新员工随时都可以找师傅寻求帮助。试用期快结束的时候，会有一个出师转正答辩仪式。公司会提出许多专业问题，如果答辩成功，就能成为公司正式的一员，就可以出师了，也就意味着他要准备做新员工的师傅了。

公司的招聘计划、人才复试、日程安排、生活指南等，都有专门的系统。哪怕是员工过生日，企业都做成了一种文化。人力部门会为过生日的员工写一个文案，从情感上给予员工慰藉。生日当天，部门领导送出生日祝福，给员工的父母打电话，给员工放假半天，帮员工实现一个小心愿，员工午餐会安排长寿面，还会收到生日礼物和贺卡。具体到生日礼物买什么，都会根据员工的特点来定，比如，喜欢看书的员工送图书，恋爱中的员工送情侣套餐，喜欢打球的员工送球拍。

员工在公司既能赚到钱，又能感受到企业的温暖，未来还有良好的发展空间，在这种情况下离职率肯定低，团队当然就稳定！

我们再看周例会。既然是例会，就是到了固定时间必须要召开的会。周例会，最重要的是选择召开的时间。主管或者经理一般是周五或周六给团队召开周例会，高管和老板则是周一召开例会。周例会要分层级开，便于下级把会议纪要传达给上一级。周例会的主要内容有三点：第一，本周的工作总结；第二，下周的工作规划；第三，下周的重要活动。

为什么要"抓周"？做网络营销，如果能把"周"抓好，你的销售目标自然而然就实现了。一年只有12个月，如果你一年有3个月完不成目标，要想完成年度目标压力就很大。但是如果你把月度目标分解到周，就会变得相对轻松。一年有52周，1个月有4周，每1周的情况如何，是可以找出规律来的。因此，抓"周"是最基础的点，关系到月度目标和年度目标的达成。

月度会议有两个重点。第一个是月度总结计划会，就是对这个月作一个总结，为下个月作规划，因为你要把年度目标分解到每个月，到了这个月就要来抓这个月的目标。这是基础管理，每个月都要做。第二个是月度活动策划会。一年有4个季度，你要规划好哪个季度、哪个月、哪一天做哪种营销策划活动。作活动策划，付费关键词投放需要提前1个月，免费关键词投放需要2个月。因此，你的活动策划要提前3个月确定，否则就会来不及。

很多人可能会说，遇到淡季了，怎么作规划呢？实际上，一旦做了网络营销，企业就没有淡季这个说法了。有一个学员做圣诞树生意，刚开始只做外包，每年提前半年准备生产，11月才开始销售。他就是只有半年的时间在工作，后来做了网络营销，他发现一年四季都有事情可做。

具体怎么做呢？淡季就做预售，提前把货预订出去。如果不搞营销策划活动，到了旺季，一天24小时运转都不行，订单接不过来，就会影响赚钱。提前预订是额外创收，为什么不提前预订呢！

三、为什么要建立绩效考核系统？

绩效考核的目的，一是激励员工，二是实现目标。传统观念下的绩效考核，给人的感觉总是用来约束员工的。但是现在，我们要用互联网思维，也就是"利他思维"来进行绩效考核。站在企业运营管理的角度，我们要为谁着想？首先是员工，没有员工就没有客户。有优秀的员工才有优质的客户，有优质的客户企业才会有利润。所以，我们要为员工着想，绩效考核就是为了激励员工做得更好。

网络运营的考核有两个方面：一方面是考核工作量，比如，推广要有有效流量，客服需要平台量和线索量，追销涉及成交量；另一方面是考核工作结果，也就是看创造了多少业绩。工作量的考核跟工资挂钩，工作结果跟奖金挂钩。

如何让团队成员心甘情愿地被考核？在没有具体实施考核之前，负责人一定要跟团队成员开会说明，让他们知道实行绩效考核对他有什么好处。首先，他们可以知道自己应该做哪些事，一旦做到了，就会获得成就感。其次，他们做得好就会有奖励，可以不断成长，以后就可能有加薪、升职的机会。接下来就是一对一面谈，达成共识，让被考核者自己写绩效考核表。

有位学员听完课回去之后，就让行政部门拿出一张绩效考核表，结果根本落实不下去，员工不接受，要离职。我后来看了他的绩效考核表，内容十分复杂，那些年轻人当然无法接受。

很简单，员工自己想做什么就写什么，你给他任务，他是在被动接受，肯定不开心。我们一定要明白，绩效考核的本质不是考核，而是激励。

接下来我们看一下绩效挂钩。推销人员最终成交了，假如他原来在线下自己开发一个客户，提成是10个点，现在他在网上拿到资源成交了，他的提成要少于10个点。因为他这一单的线索是客服推广带来的，这里还有其他工作人员，如编辑、美工、运营总监，大家都在为每一单努力。假设给推销6个点，给客服1个点，给推广1个点，而客服不止1个人时，那这个线索是谁拿来的就给谁提点。推广也是，谁直接带来用户，这个点就奖励给谁。现在分掉了2个点，还有2个点，那就在部门里建一个公共池，按照月度总额来分配，这就是绩效挂钩。

推广的主要工作是要带来有效流量，这个流量要转化为线索，最后成交。推广带来的有效流量超过规定的数量就要有奖励，所以推广人员的工资就由这两部分构成，工作量跟基本工资挂钩，工作结果跟奖金挂钩，销得越多得到的就越多。

编辑要更新网站文章，然后带来线索和成交。编辑每个月要更新的文章有一定的量，超过就要奖励，或者从公共池里面给他一个比例。编辑工资也是和两方面挂钩：一个是工作量，另一个是带来的流量。

客服的主要工作是接待录入、分配推销、督促成交，带来的线索量超过规定数量就要给奖励。客服还要将线索第一时间分配给推销，这是工作量的考核。追销根据客服提供的线索成交了，客服也可以拿到奖励。所以客服的工资也是由两部分构成的：一个是具体的量，另一个是分配的时间，成交后或者给予固定的奖励，或者提点。

追销主要是完善客户的信心，实现成交，他的工作量就是转化率。例如，一个推销人员要拿回来10个订单，而且每一次分配的资料都要录入公司系统，一旦成交了，他就可以拿到提成。追销的工资构成也由两部分：第一个是成交率、订单数，第二个是录入系统。这样追销的工资一方面跟基本工资挂钩，另一方面跟奖励挂钩。

在网销团队里，绩效考核必须体现团队概念，否则大家都拿不到钱。团队成员一起努力，互相配合，通过绩效考核机制把彼此连接起来，形成一个强有力的团队，企业目标才能实现。

四、为什么要建立追踪管控系统？

追踪是为了保证结果，没有追踪，万事一场空，也就没有企业想要的结果。管控是矫正失误，避免偏离轨道。企业要保护拥有的，创造想要的。也就是说，对于正确的方法，企业就要坚持采用。在这个基础上，再去创造新的方法。

具体说来，追踪追的是人、事、我。人——项目负责人，这件事由谁来做。事——什么时候完成，完成到什么程度。就像任正非说他每天做三件事：第一件，这件事做不做，"我"来决定；第二件，这件事谁来做，"我"来决定；第三件，如果"我"决定了，出了问题"我"担责，所以要放心交给别人去做。就企业负责人来讲，项目由谁负责就追踪谁，看这件事什么时候完成，完成到什么程度。

管控管的是节奏。企业要掌握好整体节奏，如团队每个季度需要几个人，每个季度的销售额是多少。企业管控业务进程，管控人员流失，管控整体架构的合理搭建，最终的依据是月度绩效考核表，还有个人的日清、日结。企业可以以团队为单位，借助微信建群处理日清、日结工作，日报表、日销量、日流量的变化，都可以通过日清、日结来掌握。追踪管控的落地，主要在于日、周、月、季会议和报表，包括绩效考核，一旦在追踪的过程中发现数据有问题，立刻开会解决。

总结起来，我们在第三大核心结构里讲了四大系统：第一个是数据报表系统，心中有数、指挥有度；第二个是会议经营系统，发现数据有问题，开会解决问题；第三个是绩效考核系统，绩效考核表由员工自己填写，自己去兑现承诺；第四个是追踪管控系统，没有追踪就没有结果，做好管控，执行才能到位。

本章小节

1. 追销系统是运营系统的子系统，其运营有两大关键：第一是追得到；第二是追得回。

2. 要想做好网络运营，实现高效转化，企业必须做好五项重要工作：一是流量；二是询盘转化率；三是业务成交率；四是快速传播；五是成果合作。

3. 打造网销团队你要做到三个"一"：第一个"一"是一个

目标;第二个"一"是步调一致;第三个"一"是一条心。

4. 绩效考核的目的,一是激励员工,二是实现目标。传统观念的绩效考核,给人的感觉是拿来约束员工的。互联网思维是采取"利他思维"来进行绩效考核。

5. 做好运营的四大系统:第一个是数据报表系统,做到心中有数、指挥有度;第二个是会议经营系统,数据发现问题,开会解决问题;第三个是绩效考核系统,绩效考核表由员工自己填写,自己去兑现承诺;第四个系统是追踪管控系统,没有追踪就没有结果,做好管控,执行才能到位。

第七章
搭建你在互联网上的吸客阵地

转化系统是全网营销中非常重要的一个环节，企业要想从网上对客户进行营销和转化，必须通过转化系统来完成。

第一节 70%的企业官网都在烧钱

转化系统为什么这么重要？我们通过转化漏斗模型来分析一下。

- 1 流量　　流量＝付费＋免费
- 2 询盘量　转化平台：好方案＋好美工
- 3 线索量　专业客服＋在线值守
- 4 成交　　品质保证＋价格＋交货速度＋服务保障＋……

漏斗转化模型的最顶层是流量，企业可以通过付费推广和免费推广两种方式在线上引流。转化到第二层，叫作询盘量，也就是引流进来的客户浏览完企业网站后，如果产生了兴趣，就会进一步咨询。询盘量跟转化系统息息相关，网站转化工具如文案、美工设计等，都会影响询盘量。漏斗继续往下转化，第三层是线索量。客户最开始咨询时，并不一定会把他真实的需求和联系方式说出来，这就需要有专业客服在线值守，主动跟客户沟通，才能获得有效线索。漏斗的最底层就是成交量。产品品质、价格、服务保障、交货速度等能让客户满意，才有可能成交。在整个漏斗转化过程中，转化系统决定了企业在互联网上获得生意的概率，所以企业一定要打造好自己的转化系统。

随着科学技术的不断发展，现在网民进入互联网的入口越来越多，如ＰＣ、手机、平板电脑甚至电视，企业的转化工具就要多渠道布局。由于访客的终端访问设备分为ＰＣ端和移动端，所以企业相应的转化工具主要有以下四种。

第一种是企业官网，访客通过电脑端访问就需要ＰＣ端网站，通过移动端访问就需要手机端网站。

第二种是单页面推广，叫作推广页。企业在电脑端布局，叫作产品服务的推广登录页；在移动端布局，叫作Ｈ５页面，或者通过小程序去展示产品和服务。

第三种是第三方交易平台。很多批发或者零售企业会在这些平台上布局转化工具，像ＰＣ端有阿里巴巴、淘宝、京东、苏宁易购等，在移动端可以做微商城。

第四种转化工具就是生活信息交易平台，如餐饮、娱乐等，可以使用大众点评、美团等平台来展示自己的服务，形成转化。企业要有全网营销的意识，多渠道布局，形成多点转化。

企业做网络营销，必须要有良好的转化工具，其中官网最为重要，是每个企业必备的展示平台。但是，经过数据调查，我们发现，有70%的企业官网做网络营销处于烧钱的状态。

第一种行为，也是常见的烧钱行为，是指很多企业负责人不重视官网，认为网站只是展示产品的工具，只要把产品和联系方式放到网上，客户看到了自然就会找上门来。殊不知，今天的互联网竞争非常激烈，如果企业网站做得不理想，客户对比竞争对手的网站后，很可能不会向你发出询盘，而是把这个机会给了你的竞争对手。

第二种行为就是企业老板很重视官网，认为官网是展示企业品牌形象的非常重要的平台，在打造网站的时候过于追求视觉上的呈现，却忽略了内容上的营销，导致实际内容非常空洞，没有转化力，最终也就没有交易机会。

第三种行为是企业官网的内部优化功能做得很差，不符合搜索引擎的相关标准，要想获得流量，必须通过付费推广才能排到相关搜索引擎首页。

第四种行为是企业没有在互联网上进行布局，没有自己的官网。

　　基于以上四种行为,企业若想做好全网营销,必须要建立自己的转化工具,组建营销型网站,实现有效转化。

第二节　营销型网站才能帮你快速成交

一、什么是营销型网站?

　　营销型网站其实是网络营销行为的载体,当访客对某个产品感兴趣时,他会在网上进行搜索。首先你的网站要能被客户搜到,而且客户看完之后愿意留下来,这才是一个好的营销型网站,如图7-1所示。由此可见,与其他网站不同的是,营销型网站以推动成交为核心目的,而不仅仅是普

图 7-1　营销型网站示例

通的展示。

网站做出来是供访客和搜索引擎检索用的,必须同时满足访客和搜索引擎的需求。满足访客的需求,可以获得更多的询盘量或者成交机会;满足搜索引擎的需求,可以获得更多的免费流量,也就是说,网站必须要有成交率和传播力。怎样建设具有高成交率和强传播力的营销型网站呢?先来看一下建站流程中需要注意的问题。

第一,企业负责人要转变观念,参与前期准备工作和整个建站流程。这是因为企业负责人既懂产品,又懂销售,对公司规划也非常清楚,如果负责人不参与,这些内容就不会体现在网站上,会导致做出来的网站没有任何营销力。建网站的过程中有很多琐碎的事情,企业一定要准备好相关的团队,配合建站公司把网站建好。

第二,企业在建网站之前一定要搞清楚自己的盈利模式,也就是用什么方式把产品卖给目标客户,如是批发、零售还是招商加盟。盈利模式不同,未来在网站上呈现的内容和整个结构规划就不同。

第三,建站前要准备好产品结构图。网站是用来展示产品进行销售的,产品结构是否清晰,直接影响着未来客户在网站上能否快速找到对应的产品。网站结构要清晰,首先导航一定要清晰,因为导航系统的功能就是要帮助访客快速地找到想要的产品,如图 7-2 所示。

第四,建站之前一定要准备好相关素材,包括文案和图片资料。准备资料非常重要,特别是图片,一张好图胜过千言万语,可以充分展示出产品的价值。

牛商网在服务客户的过程中发现,有些网站之所以逾期,没有建好,70%以上的原因都是资料准备不充分。企业在建站之前一定要快速准备好资料,这样不仅上线速度快,效果也会更好。

第五,企业负责人要博览群站,建立网感。建站公司询问对建站有何想法和要求时,企业负责人经常会说"你们觉得怎么建好就怎么建",这时往往只是建站公司单方面去理解如何建设网站,肯定没有双方共同参与的效果好。

图 7-2 清晰的产品导航展示示例

企业负责人不要仅限于浏览同行业的网站,也要多看看不同行业的网站,尤其是竞争比较激烈的行业,这类网站的内容布局和产品布局通常很精致,而且会不断地进行改版和升级,可以从中借鉴一些经验。

如果前期准备工作没做好,建站过程会很艰难,进而导致周期很长且效果也不好,所以企业首先要做好前期准备,然后才能启动建站流程。

二、网站建设流程

建站前的准备工作做好之后,接下来企业负责人就要了解建站有哪些流程,哪些环节很重要,需要把控和参与。营销型网站需要精细化的建站,逐环把控才能建出有营销力的网站。那么,营销型网站的建站流程(见图7-3)具体有哪些呢?

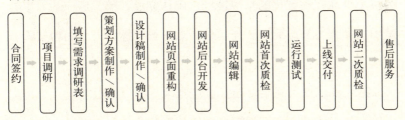

图7-3 营销型网站建站流程

第一步,企业与建站公司签订合同。

第二步,进行项目调研。每个企业都有自身的特点和优势,而且不同行业的客户对网站的关注点也不一样,建站双方一定要先相互了解。建站公司首先要对企业进行项目调研,具体了解企业和产品,才能更好地进行分析,给出解决方案。

第三步,企业根据沟通内容填写需求调研表。需求调研表非常重要,是双方达成的共识。企业负责人如果不亲自填写,就要找一个真正懂公司产品、懂销售的人去填写,而且负责人必须要审核。因为填写项目调研表也可以帮助企业重新梳理营销思路，如网站结构和产品结构，都是通过需求调研表来进行延伸的。

第四步，制作和确认策划方案，企业负责人也要参与进来。制作环节由建站公司完成，他们会根据需求调研表给出策划方案，企业负责人要去审核并确认这个方案。策划方案是很重要的一个环节，直接决定了整个网站的逻辑结构及成交率。

第五步，确认设计稿。设计稿其实就是设计师根据策划方案，为整个页面做视觉化的呈现设计。确认完设计稿，后面基本上就是由技术人员去做后续工作，负责人只要把控好大方向和架构就可以了。

第六步，重构网站页面。设计师做好的设计稿其实是一整张大的图片，建站公司要根据各个版块和相关功能需求对文字和图片进行裁切。

第七步，裁切好之后，程序员会根据网站需求和一些个性化的功能去做后台程序开发。

第八步，建站公司编辑人员做站内新闻、资讯以及产品页面的编辑工作。

第九步，建站公司进行首次内部质检，质检完之后才能进行测试，给企业上传测试空间，如果没问题就可以上线交付。

上线交付后，建站公司还要进行第二次质检，因为有些网站上线之后会出现一些小bug，导致用户浏览体验不好，这时就要通过质检来避免这些问题发生。

二次质检完后,企业可以要求建站公司提供售后服务,网站在未来运营过程中出现任何问题,都可以由建站公司提供技术支持。

三、营销型网站的页面规划

建设营销型网站,规划很重要。企业可以从网站首页和内页两方面做合理规划,让网站更有成交力,能够快速吸引客户询盘。

1. 网站首页规划

(1) 布局板块

网站首页由很多板块组成,到底哪些板块排前面,哪些版块排后面?数据研究表明,访客浏览网站的路线是呈F形的,如图7-4所示。企业需要根据访客的浏览轨迹来规划各个板块的先后顺序,重要的板块放上面,次要的板块尽量往下放。

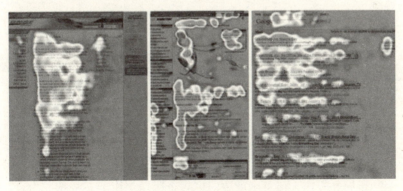

图7-4 访客网站浏览F形路线

具体到营销型网站，首页最上面一般会布局网站的头部，下面会放主导航，再往下是主广告位，主广告位下方左侧一般会放副导航，副导航旁边的大版块一般是产品分类展示区，如图7-5所示。

访客访问企业网站，主要是想看产品，所以产品应尽量往上面放置。再往下面一般会放置企业的核心优势，展示企业的品牌、服务优势和产品优势，以便跟竞争对手进行区分，更有利于客户去选择你的企业。再往下面一般会布局企业的荣誉和资质，以及横幅广告和新闻资讯相关版块，如图7-6所示。

图7-5　网站首页规划展示

图7-6　网站首页规划展示

（2）布局内容

布局好版块，接下来就要研究各个版块当中要布局哪些内容，这个部分很重要，考验的是企业的策划能力。企业要想推动客户快速产生咨询或者成交，一定要先解决对方的抗拒点。通常来说，客户会有四大抗拒点。

首先，他会想"我为什么要买你的产品"。企业通过在网站上布局利益解决了这个抗拒点，吸引客户来购买产品。紧接着他会有第二个反应——"你的产品好吗"。因此网站当中一定要布局相关产品的介绍和描述，突出产品的特点和优势，同时用产品可以给客户带来利益来打动他，让客户知道你的产品很好。这时客户的第三个抗拒点来了，他会想"你说的是真的吗"。因为在互联网上，企业跟客户很难建立信任感，毕竟网站是一个虚拟世界，客户没有看到实际的企业和产品。这时你就要拿出证据，证明自己的企业和产品很好。也就是说，网站要具备公信力。比如，在网站上布局客户的见证、获得的荣誉资质，以及公司的实体照片、生产设备等相关内容，让客户相信你是一个很靠谱的供应商。客户对你产生信赖之后，往往还有最后一个抗拒点，他要先考虑一下，不急着去咨询或者成交。绝不能让客户因考虑而走掉，因为对方走了之后往往就不会重新回到网站中来，所以网站就要布局相关的优惠政策，吸引他快速产生询盘或者成交。

这就是营销型网站要去布局的一套说服逻辑，解决客户的抗拒点，让客户相信你在这个行业当中是值得信任的。产品很好，而且还有优惠，让他愿意去成交。

(3) 突出展示核心产品

网站首页布局当中还要突出核心产品的展现位置和展现量。

核心产品通常都是企业销量高、利润高、增速快的产品。核心产品一般会在网站中的哪些位置进行展示呢？

首先，在网站的主广告位上展示。因为主广告位是一个很大的图片，视觉效果很好，客户第一眼就能看到，图7-7所示的鹏鸿E0级生态板的主广告图。

图7-7　鹏鸿集团主广告

其次，在产品展示区域当中，也要把核心产品优先展示。可以采用较大的版块，为核心产品营造鹤立鸡群的感觉，这样客户就可以在众多的产品当中优先看到这个产品，图7-8所示的美涂士漆的核心产品——海洋之星。

图 7-8 美涂士漆的核心产品——海洋之星展示

最后,在主导行的第二个位置,包括副导航最上面的位置,都可以去布局核心品类,这样客户在导航环节也能快速找到相关产品。

(4)突出展示重要的新闻和案例

在新闻资讯版块当中,可以用比较大的版块去布局重点新闻资讯,吸引客户点击和查看。切记,新闻资讯标题中一定要包含关键词,这样有利于搜索引擎优化。

2. 网站内页规划标准

内页在整个网站成交转化当中也很重要,因为有些客户看完网站首页,接下来就会进入内页,如果内页做得好,也是促进成交转化一个非常好的环节,图7-9所示的圣元电器网站内页中可以看到很多有温度的信息,如"信誉和口碑远远比业绩更重要"这句话,可以大大增加客户的信任感。有些企业负责人会认为网站所有页面包括内页都应该由建站公司来做,其实建站公司只是做一些基础的内页,网站一旦被交付给企业之后,就要由企业自己对网站进行运营。

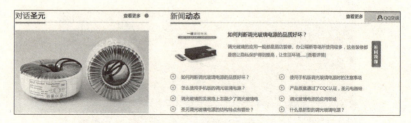

图 7-9 圣元电器网站内页展示

企业可以把核心业务策划成推广登录页，以提升整个网站的转化率。内页一般可以分为普通的资讯内页和产品详情内页，图文结合进行排版。企业的核心业务可以做成推广登录页，相当于重新设计了一个首页，但是这个"首页"内容不多，只围绕一款产品或者服务进行介绍，这样能够大幅提升网站的转化率。那么具体该如何设计呢？

第一，做内页的时候，企业的核心业务可以重新进行策划和设计，做成单独的推广登录页，将这个页面植入网站内部，会提升网站整体的转化率。

第二，内页上面的文案和内容一定要定向化，符合客户的场景感觉。每个客户的需求点不一样，对企业产品的认知也不一样，想利用一个页面"通吃"所有的客户是很难的，最好根据不同的客户做定向服务。

1. 可以根据地域做定向

就像卖公园长椅，根据南北方气候不同，给客户介绍的内容也应有所不同。给北方客户重点介绍椅子的防寒性能，给南方客户重点介绍椅子防潮耐腐蚀性能，让客户有这种地域性的感觉，觉得这个产品就是为他量身设计的，才能更好地实现转化。

2. 根据应用来定向

同一类产品或者工程应用的领域不同，客户的关注点也不一样。比如，企业如果把太阳能热水系统卖给连锁发廊，就要考虑客户的需求是施工快速、造价低、随时有热水洗头，而且水温不要太高。如果这个热水系统要卖给酒店，就要考虑工程能力、设计施工和酒店的配合能力，比如，几百甚至上千个房间同时使用热水，需要什么系统？节能环境怎么样？施工能力如何？所以，应用领域不同，内页就要针对不同的客户进行相应的展现转化。

第三，内页布局要图文并茂且具有美感，如图7-10所示。客户是粗略浏览，不是精细阅读，一定要图文结合进行排版，不能把大段文字堆在上面。

第四，产品之间要有导航链接，促进延伸消费，如图7-11所示。要想让客户看到企业更多的产品，产品之间要有相互推荐的功能，当然这个功能是由建站公司提供的，企业自己进行关联就可以了。

图 7-10　圣元电器网站内页布局

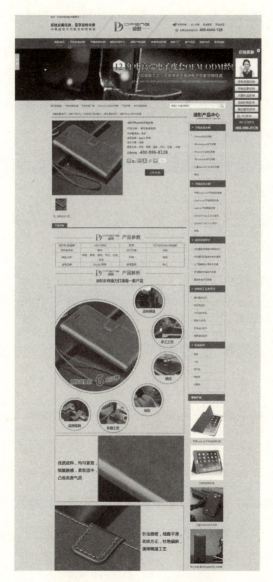

图 7-11 网站产品导航链接展示

第五，要有恰当的探头设置。前面讲过，探头布局越合理，网站的询盘转化率就越高。客户一般通过打电话、QQ等在线沟通工具，以及留言板跟企业进行沟通，我们就要把电话、在线沟通工具和留言板三种探头合理地布局在网站当中，图7-12所示为杜康酒网站探头布置。

图7-12　杜康酒网站探头布置

上海海纳尔建筑科技有限公司主要经营建筑绿化系统业务，也就是屋顶绿化和墙体绿化，这个行业所有的国家标准都是海纳尔提供的。董事长余露是单仁资讯第30届网络营销班的学员，上完课之后，他做了营销型网站，并且通过搜索引擎优化和博客营销，在互联网上建立了非常强大的宣传攻势。他们是如何在营销型网站上呈现自己，让客户主动找上门来的呢？

海纳尔网上的目标客户是房地产商、政府机构以及各种类型的设计师，在目标客户喜欢访问的平台、可能去到的地方以及平台入口都有布局。为了更好地在网上展示自己，让客户来了就舍不得走，企业根据客户的阅读特点、阅读思维和阅读习惯来设计网站，在形式上重点以图片和视频为主，其中图片都是真实的展示，没有过度美化，因为过度美化会让人感觉不真实。

除了最具说服力的图片和视频外，还有一点就是权威文书，比如说央视采访记录、权威机构写给企业的表扬信，这些可以增加企业的实力和权威性。

还有就是把一些不涉及商业机密的生产过程呈现出来，让消费者知道这是企业生产出来的，而不是拿着别人的图片仿造出来的。

现在，海纳尔通过网站得来的营业额占企业总营业额的80%，线上询盘平均每个月都在三四千万元，完全不用担心没有客户上门。究其根本，这与海纳尔营销型网站良好的呈现功不可没。

四、营销型网站的特质

了解网站的整个页面规划后，我们总结一下营销型网站到底要具备哪些特质。

第一，打开网站首页，5秒内就要让访客知道企业是做什么产品或者服务的，这样客户才能知道自己有没有走错地方。

第二，进入网站30秒内，要让访客能快速找到他想找的产品，网站的主导航、副导航一定要根据客户的需求合理布局。访客来到企业网站就像来到一个陌生的商场，所以网站上的导航一定要非常清晰。

第三，网站的设计要简约大气，应时应景，让人眼前一亮。网站设计主要考验的是建站公司设计师的能力，企业要提供好素材，方便设计师去发挥，让网站既符合客户的浏览习惯，又赏心悦目。

第四，站内新闻一定要及时更新，而且案例要真实生动。建议至少每周更新三篇，并且是由企业员工自己更新的。这样更新的好处是什么？首先，对于客户来讲，他可以知道整个网站运营非常顺畅，也就可以推测出这家企业也在运行，而且运行得非常顺畅。其次，对搜索引擎来讲，当它发现企业新闻能够实时进行更新，特别是有一些有价值的原创文章，搜索引擎会更愿意进行收录和抓取。需要注意的是，案例要真实生动，千万不要编辑一些虚假的新闻案例，客户一旦看出来，就会对企业产生怀疑和抗拒心理。

第五，文案要能传递情感，给访客更多的贴心关怀。企业布局网站文字要像写情书一样，从客户的角度给对方一些软性文字，让客户感受到企业对他的善意和关怀，这样才能把客户追到手，网站转化率才能更高,如图 7-13 所示。

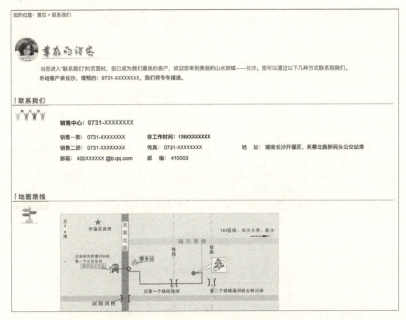

图 7-13　体现善意与关怀的网站方案展示

营销型网站最怕的就是用冷冰冰的文字来介绍企业产品,没有一点温度。就像看着冷冰冰的人一样,客户当然不愿意去接触。

第六,网站的产品描述要突出自己的核心卖点和客户利益,不要只是发一些产品信息。很多企业还是按照传统思维,做成说明书式的网站,把自己的产品参数用表格的形式去展示。其实,企业的产品到底有哪些卖点,能给客户带来哪些利益,能解决什么问题,这才是客户最关注的。

以上内容就是打造PC端营销型网站的相关标准和要求，企业建设此类网站时，一定要遵循这些标准和要求，这样才能实现高效转化。

第三节 手机端网站这样建，既便捷又赚钱

我们已经进入移动互联网时代，很多企业也要在手机移动端布局网站。前面讲了PC端网站的建站标准，那可不可以把PC端网站的标准全部照搬到手机端网站中呢？答案是否定的。因为手机端网站和PC端网站是有区别的。

一、手机端网站与PC端网站的区别

第一，显示方式不同。PC端的显示屏是横屏，而手机端的显示屏是竖屏，如图7-14所示。网站整个结构和布局要根据不同的显示终端进行调整。

图7-14　PC端网站与手机端网站显示方式对比

第二，图文表现不同。PC端网站一般会用比较丰富的文字

去展示产品卖点和客户利益等，而且图片比较大。手机端访客一般都是用碎片化的时间进行浏览，没有耐心去阅读大段的文字，所以手机端呈现的文字一定要精简凝练，而且图片要小，尽量小于30K，这样不会影响手机端的加载速度，如图7-15所示。

图 7-15　PC端网站与手机端网站图文表现对比

第三，探头设计不同。PC端网站的探头以即时聊天工具为主、客服电话为辅跟客户进行沟通，这样设计是因为PC端用聊天工具打字很方便。而手机端则不同，客户不喜欢通过手机慢慢地打字聊天，所以手机端一般会以电话探头为主，而且手机本身就是通信工具，客户点击电话图标就可以直接跟客服进行电话沟通，非常方便，如图7-16所示。

图 7-16　PC端网站与手机端网站探头设计对比

第四，浏览方式不同。浏览ＰＣ端网站是用鼠标点击上拉下拉浏览，而手机端网站是通过手指的滑动和触动来浏览，所以手机端网站一定要符合客户的浏览体验，如图7-17所示。

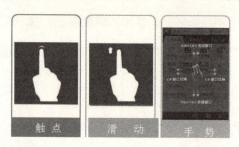

图7-17　手机端网站浏览方式展示

另外，考虑到每个人手指粗细大小不同，手机网站的图标不要设计得太小，防止误点或者漏点。

二、手机端网站的必备功能

手机端网站要具备四大功能，才能更好地帮助企业进行网络营销。

一是自动识别功能，也就是说，手机端网站可以自动识别终端访问设备，以便推送对应的打开方式。举个例子，我们在手机端和ＰＣ端同时输入单仁资讯集团ＰＣ端官方网址，既然输入的是同一个网址，那打开的就应该是同一个网站，但是如果在手机端打开的是ＰＣ端的网站，客户的浏览体验会很差，因为ＰＣ端的文字既多又小，图片在手机端也会自动缩小，客户根本就看不清楚。因此,手机端网站必须具备自动识别功能,它可以在手机端自动打开手机端网站,而在PC端自动打开PC端网站。

二是自适应功能。用户的手机屏幕尺寸各不相同,手机网站要自动适应不同的尺寸,实现满屏完美展示,给客户更好的浏览体验。这个功能要由建站公司来实现,企业可以要求建站公司提供技术支持。

三是可优化功能。客户在手机端网站上搜索也能给网站带来免费流量,所以手机端网站也要具备相关的优化结构和功能,将关键词在各个页面的重要版块进行布局,满足搜索引擎的相关需求。这样有客户在手机端搜索产品关键词的时候,手机端网站就有机会免费排名靠前!

四是统一的后台管理。很多企业都有自己的PC端网站、手机端网站和微信公众号。如果要把同一篇文章同时上传到这三个平台上,需要将文章编辑三次,因为工作人员要分别登录PC端网站、手机端网站和微信公众号的不同后台才能上传,非常麻烦。

如果手机端网站具备统一的后台管理功能(见图7-18),就可以解决这

图7-18 统一后台管理微信示意图

个问题了。工作人员在共用的后台中把这篇文章进行一次编辑，就可以一键上传到三个平台上，实现三合一的同步更新，提高工作效率。这个功能也由建站公司来提供。

三、手机端网站的应用

手机端网站建好后，如何进行推广应用？

第一，企业可以在移动搜索引擎当中进行推广。据百度发布的数据显示，移动端的搜索引擎用户已经超过PC端，这时企业就可以在移动端投放付费推广广告，客户搜索的时候，能够在手机端网站进行转化。前提是企业一定要有自己的手机端网站，因为如果你只有一个转码网站，或者是为了在百度开户而做了一个图片式的手机端网站，那这么做没有任何意义！移动端搜索量非常大，而且在百度做推广，默认是用全部设备进行推广，一旦企业的广告有了展现，但是网站没有准备好，或者是做了转码，转化率会很低，往往就是一种烧钱行为。

第二，通过社交平台进行推广应用，如通过微信、微博发一些文章，在文章相关的内容里留下企业手机端网站的网址，通过这个网址直接引流到手机端网站。微信当中有很多菜单可以设置，同时也可以把链接指向手机端网站进行转化，其实就是在社交平台上圈粉之后，实现二次营销。

第三，把手机端网站在传统营销渠道中进行推广应用。客户扫一扫二维码，就能来到互联网上，所以很多企业会把自己的二维码印在名片、产品的包装上或者展会的材料上进行传播，如图7-19所示。

图 7-19　二维码扫描

手机端网站推广也可以把二维码印在上面，但是二维码只能指向手机端网站，不要指向 PC 端网站，否则用手机端打开 PC 端网站的体验会很差。如果企业没有手机端网站，二维码指向公众号也可以。

以上三点就是在传统营销渠道和移动互联网中去推广手机端网站的方法，企业可以根据实际情况选择相应的方法进行推广。

本章小结

1. 由于访客的终端访问设备分为 PC 端和移动端两种，所以企业相应的转化工具主要有以下四种：第一种是企业官网，访客通过PC端访问就需要PC端网站，通过移动端访问就需要手机端网站；第二种是单页面推广，叫作推广页；第三种是第三方交易平台；第四类转化工具就是生活信息交易平台。

2. 你的网站要能被客户搜索到，而且客户看完之后愿意留下来，这才是一个好的营销型网站。

3. 企业可以从网站首页和内页两个方面做合理规划，让网站能够快速吸引客户询盘，更有成交力：一是网站首页规划；二是网站内页规划。

4. 营销型网站应该具备的特质有以下几点。

第一，打开网站首页，5秒内就要让访客知道企业是做什么产品或者服务的，这样客户才能够知道自己有没有来错地方。

第二，进入网站30秒内，要让访客能快速找到他想找的产品，网站的主导航、副导航一定要根据客户的需求合理布局。

第三，网站的设计要简约大气，应时应景，让人眼前一亮。

第四，站内新闻一定要及时更新，而且案例真实生动。

第五，文案要能传递情感，给访客更多的贴心关怀。

第六，网站的产品描述要突出自己的核心卖点和客户利益，不要只是发一些产品信息。

5. 手机端网站要具备四大功能：一是自动识别功能；二是自适应功能；三是可优化功能；四是统一的后台管理。

第八章
全网营销，业绩逆袭

所谓的全网既包括线上，也包括线下。但在实际执行过程中，线上、线下是彼此融合的，这是做全网推广的一个前提。全网推广的主要目的有两个：第一个目的是流量，互联网所有的生意都是围绕流量来进行的；但是流量并不是终极目的，销量才是终极目的，所以流量要变销量，这也是全网推广的第二个目的。

让流量变销量的线上渠道可以分为推广媒介和网销渠道两大类。推广媒介包括社区、社群、微信、微博，以及电商平台推出的一些媒介。网销渠道包括官网——独立的渠道，更大的电商平台——纯销售渠道，以及搜索引擎。微信比较特殊，它既可以是媒介，也可以是渠道，所以线下媒介跟渠道可能是分开的，但是线上很多媒介和渠道是融为一体的，微信就是典型的将媒介和渠道融为一体的例子。

第一节 三大渠道先覆盖，流量迅速变销量

作为一个推广者，当你的资源有限的时候，80% 的时间和精力应该聚焦在能够直接带来成交的网销渠道上。网销渠道中最有代表性的是电商平台、搜索引擎以及微信。

一、电商平台推广

电商平台就是一个中介，将买卖双方聚集起来，在这个平台上进行贸易撮合。提到电商平台，我们经常接触的是 B2B、B2C 和 O2O。

1. 电商平台的类型

B2B（Business-to-Business）其实就是企业商品的直接采购者，他的身份是企业或者商家，像慧聪网、阿里巴巴旗下的 1688 等。这些网站有一个共同特点，就是这个平台上的分类涵盖了各行各业，各类型的企业都可以在上面找到发布信息的方法，这种平台可以称为综合性的 B2B 平台。在这个基础之上，有些行业，尤其是工业和制造业，都会有这种行业内的垂直电商平台，我们把它叫作行业平台。比如，建材家居企业要做宣传，除了去 1688、慧聪网这种综合性平台外，也要找到这个行业里边规模最大、人气

最旺的行业平台，如中国建材网、九正建材网等。

B2C（Business-to-Customer）中的 C 端代表的是直接采购者，属于个人用户身份，这就是典型的做零售。中国最大的零售平台就是淘宝、京东等。移动端这两年出现了电商零售新物种，如拼多多，本质上属于拼团电商，它主要是移动端的电商平台，结合微信这种分享机制，把消费者变成推广者，通过人脉裂变的方式来传播。这种结合了社交网络口碑传播的平台，成长速度非常快。

还有前面提到的信息服务类平台，不是卖实物商品，而是做服务，具有强烈的区域性特征，尤其是衣食住行玩这一类，我们把它叫作 O2O（Online-to-Offline）电商，就是线上到线下或者线下到线上，如美团网、58 同城等。

2. 为何要入驻电商平台？

电商平台的重要性首先体现在客流密度高度集中，因为企业来到这个平台的目的就是做生意。相比其他平台，企业将同样的时间花在电商平台上，它的投入产出会更高。此外，电商平台扮演的角色就好像线下的商城，对于企业尤其是中小型企业来说，是一种非常快捷的卖货方式，因为在这种平台上，所有和销售有关的配套设施都是很完备的。企业相对来说会比较轻松，可以集中精力去进行销售。

以阿里巴巴为例，企业入驻了阿里巴巴，电商业绩的80%可能就会有所保证。阿里巴巴发展到今天已经将近20年了，这意味着这个平台早就已经白热化，也意味着并不是一入驻就立刻有订单销量，所以企业进入电商平台，依然面临流量和销量的问题。要想做好电商平台，产生更多的销量，核心就是抓运营。如果执行人员不懂运营，那这个电商平台肯定无法吸引访客。作为企业负责人，一定要清楚，电商平台要想把流量变销量重点要关注哪些环节。

我们知道阿里体系极其庞大，它有很多免费流量的入口提供给企业，当然基础还是搜索引擎优化，在用户检索的时候排名靠前。与此同时，由于搜索结果竞争激烈，除了做广告，小型企业可能没有机会崭露头角，于是阿里就把平台往内容化、社区化方向去发展，这意味着企业可以通过制造内容在社区互动来赢得免费流量。这是电商平台发展的一个趋势，企业一定要及时抓住这个趋势。

与免费流量相对的就是付费流量。企业对免费流量不满意，或者已经有了免费流量，还想通过付费流量来获取更多的用户，就可以借助平台上大量的广告模式以及各种促销活动等。

企业要想引入付费流量，前提是一定要了解这种广告模式或者促销活动是否适合本企业，值不值得去付费。企业要从用户的角度去把握，看用户是如何找到商家并成交的，这些过程可以反过来指导卖家更好地做宣传。

从买家的思维来考量平台，建议大家下载手机端网站，看看用户有哪些获取商品和商家信息的入口，这些入口企业可不可以去占领？通过这样的思维方式，我们就能知道重点去抓哪些流量。

既然流量不是终极目的，销量才是，那销量又是如何实现的呢？企业要在电商平台做好运营，除了关键词的策划，还包括主图、头图的打造，详情页的销售力，以及客服人员的专业水平，头图、详情页、客服是运营一定要重点去关注的三个环节。

在电商平台，详情页有时比首页还重要。因为客户在电商平台上检索商品的时候，看到的都是以头图、主图为单元的展现，所以网站图、文都需要策划。客户点击进去之后，所谓的着陆页，也就是让客户跟企业产生一面之缘的页面，是产品的详情页，而不是首页。详情页能够分分钟吸引用户，对方才有更多的兴趣去进一步了解详情；如果详情页很粗糙，企业就没有机会留住用户。当然，从详情页吸引用户，再到用户去询盘，这跟客服的交流水平也是密不可分的，一环扣一环，才是运营把流量变销量的核心。

二、搜索引擎营销

搜索引擎营销的核心就是关键词，要围绕关键词布局网页内容，让用户检索时最好在首页就能找到你的企业。

由于搜索引擎用户已经大量转移到移动端，企业做搜索引擎营销也要下载手机百度，在同一时间去百度的PC端和手机端检索同一个关键词，就会发现搜索结果不是完全一样的。这是因为移动端和PC端在排名的倾向性上有区别，做搜索引擎营销，这一点我们必须要了解。

搜索引擎营销具有其他推广策略和推广渠道所不具备的优势，即搜索是客户主动检索产生的。除了主动，客户在检索的时候还有时间的急迫性，希望搜索完能立刻发生某种行为。主动加上时间的急迫性，使搜索流量成为迄今为止最优质的流量。

对于企业来说，要占领搜索引擎主要有两种方式：第一，做搜索引擎优化；第二，做竞价排名。搜索引擎优化是免费的，竞价排名是付费的，这两种方式都可以让企业占领搜索引擎。

1. 搜索引擎优化

搜索引擎优化是网络推广的一个基础性工作，相当于建房子之前要先打地基，地基打好了之后，接下来的工作才能顺利展开，所以企业一定要把搜索引擎优化放在最核心的位置。

企业如果有官网，可以通过一些简单的办法来自我检查，看看官网是否符合搜索引擎的偏好。检查方法非常简单，我们可以把自己公司的全称拿去百度一下，如"深圳市××有限责任公司"，如果官网排在前三名，就是合格的。排名越靠后，说明网站搜索引擎优化存在的问题越严重。我们评估搜索引擎优化质量的一个基本指标就是看它能否轻易地识别出官网,如果搜索引擎尽了最大努力还是识别不出官网,那肯定是官网本身有问题。

但是,如果检索时官网排在第一名,可还是没有流量,这时就要进行第二项检查——用搜索命令检查网页收录。搜索命令由两部分构成,一个是单词"site",另一个是英文半角冒号":",这是查搜索引擎收录某个网站网页数量的命令。之所以有这样一个命令,是因为搜索引擎在对网页进行排序之前,先是将这个网页收录到数据库里面备查,如果这个网页没有被收录,那它永远不可能有排名,所以网页收录是搜索引擎优化的中间效果。这个命令使用起来很简单,就是在搜索框里面输入"site:",加上企业的顶级域名。例如,小米的官网是mi.com,输入"site:mi.com",百度一下就可以看到搜索结果。

这个命令不仅可以用来检验企业官网是否符合搜索引擎的偏好,也可以拿来调查竞争对手。另外,它还有一个使用场景,就是帮助企业筛选平台。例如,有很多B2B平台摆在你面前,你要进行筛选,看看哪些平台没有流量价值,但是你又无法获取这个平台的流量数据,这时就可以简单地通过"site:"进行检索,如果平台收录的网页连10万个都达不到,或者只有几十万个,就说明这个平台可能没有太大的利用价值。

对中小企业来说，如果通过"site:"检索结果发现官网收录了几百个页面，可还是没有一个好的排名，这时就要追踪到技术层面，检查一下内页的网址有没有做静态化，网页标题有没有匹配关键词，页面文案跟当前页面的标题关键词更匹配，还是跟重复标题中的关键词更匹配？在决定企业排名的众多因素中，这三个核心要素是需要我们高度关注的。企业可以通过自查网站来看看是否具备这三个要素，以评估网页搜索引擎优化的效果如何。

搜索引擎优化的效果是运营出来的。我们在更新官网时，如提交一个新的产品详情页或者新的资讯文章，要注意标题的处理。这里的标题可以是文章的标题，也可以是文章内容里出现的关键词。这样搜索引擎就相对容易给予这个网页的关键词一个良好的排名。

所以，全网营销一定要配网络编辑，及时更新官网内容，一方面是为了给用户提供信息，另一方面还能发挥引流的作用，用关键词引来新的客流，这也是决定团队能不能做好搜索引擎优化的一个前提。

2. 竞价排名

关键词搜索引擎优化虽然是免费的，并且效果一旦呈现流量也很大，但是它的效果是不可控的，而且相对来说比较慢。企业如果希望推广效果立竿见影，最好去做竞价排名广告，基本模式就是"营销型官网＋竞价排名广告＝快速接单"，非常适合中小型企业去投放。当然，花钱做广告这个事情要谨慎，不是任何企业只要做了广告都会有好的效果，适合做竞价排名的企业有以下几个特点。

第一，产品客单价比较高。客单价金额越高，越适合做竞价排名。如果客单价只有几十元、几百元或者一两千元，竞价排名效是并不一定会很理想。

第二，企业处于垂直专业领域。专业领域是指比较小众的服务或者产品，甚至有些冷门。这种企业，它的关键词排名不像大众消费品，有众多的竞争者，相对来说投入产出比会更高，这也是专业领域产品去做竞价排名的效果可能会好过大众化消费品的一个重要原因。

第三，不管什么类型的企业，企业知名度比较高，在行业内做排名就会更有优势。这里所说的知名企业，不是指历史悠久、有口皆碑的大企业，就算是一个名不见经传的小企业或者初创企业，都可以利用互联网迅速扩大自己的品牌知名度，有了知名度就有利于企业去做竞价排名。

要想做好竞价排名，企业要有专门的竞价专员。这个竞价专员必须懂得搭建账户的基本技巧，懂得策划关键词，懂得文案写作创意，知道哪种文案能够吸引用户以及各种竞价的技巧。当然，企业也可以将竞价外包。即便是全部外包，企业也不能完全放手，要有一个内部人员去跟外部团队接洽。

三、微信营销

企业仅掌握电商平台和搜索引擎营销还不够，因为移动时代到来后企业在移动端入口也要有一个阵地，那就是微信。微信在全球的活跃用户已经达到9亿多个，企业完全可以，也应该用它来做营销，否则这个阵地就浪费了。

做好微信营销之前，我们首先要掌握它的基本属性：第一，用来做社交；第二，它已经成为人们获取资讯的媒介；第三，有了社交和媒介基础，才引入了电商。

微信究竟适不适合企业做营销，适合哪些企业，前提只有一个，就是看企业有没有提前通过线上、线下的营销手段获取到目标客户，也就是客户线索，再把它沉淀到微信里。所谓沉淀，就是让对方成为你的个人好友，或者成为微信公众号的粉丝，如果你的微信沉淀了一定量级的客户线索，那么微信就是可以拿来做营销的。

微信具有沉淀作用，对于大宗交易的企业，尤其是对B2B企业来说，微信是用来养老客户的，意思就是企业获取客户线索以后，发挥微信的"鱼塘效应"，通过提供优质的内容或者服务，把客户线索"养大",实现远期成交。对于做大众消费品的企业来说,尤其 B2C、O2O 这一类企业,不仅可以利用微信来沉淀老客户线索,还可以用来抓取新客户。

从这个角度来说,所有的企业都可以去拓展微信营销。要做好微信营销,核心是抓住两个号——个人号和公众号。微信所有的信息都来自个人号和公众号。有些企业,尤其是中小型企业,也许觉得个人号做营销相对容易,公众号的门槛有点儿高。实际上,作为企业,一定要有自己的公众号。企业在移动端没有公众号,就好比没有独立官方网站一样,缺乏公信力。

1. 微信个人号营销

微信个人号之所以更方便做营销,是因为微信个人号有先天的优势,就是转发非常方便,社交传播便利高效。而且微信有多个渠道传播:一是朋友圈,二是微信群,三是对话框。这三大个人号的营销模式虽然各有特色,却不是孤立的。朋友圈是一个展示的平台,但只有朋友圈是不够的,毕竟朋友圈的信息发布比较分散,这时微信群的出现就弥补了朋友圈分散不聚焦的缺陷。

对企业来说,微信群就是把具有共同标签的部分人群拉到一起,比如,对于产品感兴趣的人或者潜在客户,那么这个群就要发挥服务作用、交流作用,用来维系长久的客户关系。因此,如果微信群能够做好,给企业带来的价值也是不可估量的。

当然，微信群也不是完美的，很多群都成了死群，必须用红包才能够激活，甚至有时发红包都没人领。之所以出现这种情况，是因为微信群太泛滥了，或者大部分的微信群运营得不好，最后导致用户退群或者把这个群设为"消息免打扰"。这时对话框就能够发挥作用了，因为对话框主要就是针对重要客户，一对一地跟进，或者群发，取得的成果更佳。

朋友圈、微信群、对话框，我们做个人号营销的时候，完全可以把三者结合起来，取长补短。

2. 微信公众号营销

公众号营销门槛虽然高，可是企业一旦跨过这个门槛，同行就很难追上你，毕竟公众号的优势是个人号无法企及的。

第一，公众号的二次开发功能非常强大，尤其是针对业务比较复杂的企业做二次开发，它的作用不一定小于企业官网。

第二，公众号可以拿来做传播，结合公众号的优质内容，让用户一传十，十传百，转发到朋友圈去广而告之，这样也能够吸引新的粉丝，另外还可以跟目标客户保持长久的关系。

公众号的营销模式，就是企业提供优质内容，加上在内容中植入转化这样一个契机。这种内容加转化的模式，其实就是自媒体，只要有优质内容输出，企业就可以利用公众号吸引粉丝进行传播，达到我们想要的发挥自媒体优势的效果。

当然，要做好公众号，也是有条件的，许多公众号都成了一个摆设。要想让公众号真正发挥传播作用，要设置专人专岗做公众号运营。

湖北百布堂手工家纺有限公司（以下简称百布堂）是一家粗布家居产品开发、生产、销售的加盟连锁企业。作为粗布非遗传承者，百布堂不仅将民族特色产品推向市场，更通过互联网创下单店营业额10天68万元的业绩，这在很大程度上要归功于百布堂很好地利用各种工具来做营销。

百布堂根据企业的实际情况，综合分析短信、微信、微博、电商平台和直播平台这五个平台的优势和弱点。短信可以做到快速覆盖，但是不能锁定企业的优质群体；微信和微博最大的好处是能锁定企业需要的群体，但是引流效果不明显；直播可以做360°的体验，但由于顾客对微商的信任度不高，这种工具引流也不高；电商平台覆盖面广泛，但无法提供线下服务和体验。百布堂各取所长，首先利用人们对微信的依赖，进行短信覆盖，然后利用微博对人群的精准锁定、电商平台的支付保证，增加线下服务，这其实是"新零售+"的概念。

对于平台之外的品牌代理公司和服务公司，百布堂以代理的身份，帮他们做线下销售、维护和服务业务，解决市场问题，而不再是像以前那样平台只接受产品，把服务留给品牌去做。

百布堂通过合理利用营销工具，融服务、代理和售后于一体，将线上、线下的融合变成"新零售+服务+生活"的新模式，打破传统模式和传统零售行业的营销模式，让百布堂的市场渠道和模式得到一个质的飞跃和提升。

电商平台、搜索引擎优化、微信，这些是企业全网营销推广的主阵地，掌握好这三个渠道，网络业绩才有保证。

第二节 推广媒介用起来，捅破销量"天花板"

企业做网络营销，实际上是一种行商模式，而不是坐商模式。坐商的销售范围是很有限的，如果你完全当一个坐商，指望利用天猫就能够长期赚钱，这种思想是很危险的，因为平台一定会有流量的"天花板"，这意味着它输出给每个企业、每个商铺的流量也是有"天花板"的，所以企业要把生意做大，不要满足于只当一个坐商，一定要做行商，比如，你想在天猫上完成交易，但是你宣传的大网不要局限于天猫，而是要利用天猫以外的多渠道、多媒介去宣传。

那么企业还可以利用哪些平台外渠道和媒介做宣传呢？这里重点探讨百度内容频道以及新媒体。

对于可以做宣传推广的媒介，我们通常用 UGC (User Generated Content) 平台来概括。UGC 的意思就是用户生成内容，即用户通过互联网平台展示自己原创的内容，或者将其提供给其他用户。这些平台包括早期的论坛、博客，以及后来百度打造的内容频道、视频分享网站及微博。其中微博是一个转折点，横跨 PC 端和移动端，微信更是为移动端而生。直播电台，如喜马拉雅；新媒体，如今日头条等，都是移动端催生出来的 UGC 平台。从论坛到新媒体，整个线条拉下来，你会发现互联网发展的每个阶段都有 UGC 平台。企业能否做好网络推广，一个重要的指标就是看能不能利用好这些低成本的 UGC 平台，大批量地获取免费流量。

这里重点选两个有代表性的推广媒介，即 PC 互联网时代的百度内容频道和移动互联网时代的新媒体，来说明如何做好媒介内容的推广。

1. 百度内容频道

所谓的百度内容频道，主要是指百度百科、百度知道、百度文库、百度经验、百度贴吧等一系列内容型网站，我们称之为百度的"护城河"。

百度之所以要推出这些内容频道，显然就是想做到"肥水不流外人田"。作为搜索引擎，百度是流量的一个入口，它的职责是把用户带进来，但是因为搜索结果的问题，这些流量又慢慢地到了其他网站上去。为了留住流量,百度推出了这些内容频道,并且赋予这些频道非常高的排名权重,这样用户在第一页总是能点进百度的内容频道。

企业在百度内容频道做宣传,恰恰就需要利用这种优势来布局品牌词。所有的企业,不管是移动端还是PC端,也不分类型,都有必要把百度看成口碑品牌宣传的阵地,用企业的品牌词去打造内容,这样用户在检索品牌词或者产品时,就能够率先发现你的企业,或者把这个产品同企业品牌绑在一起。

百度内容频道已经发展了十多年,这意味着它根本不缺内容,当然一些新兴的关键词可能例外。对于老关键词来说,如果只是泛泛而谈,那在布局品牌词时就很容易被踢掉。因此,要想在百度内容频道成功地植入品牌词,前提必须是内容带给用户的实用价值非常大。

如何综合利用这些推广媒介,为企业带来流量和销量呢?我们通过杭州立新实业有限公司的典型案例来学习一下。

杭州立新实业有限公司是一家有着60年历史的传统电机制造老企业,原先电机销售主要是靠广告、会展、上门推销争取新客户的,但是这些老办法现在实施起来越来越困难,不但销售成本高,效果也特别差。企业负责人从2012年开始参加单仁资讯系统的互联网知识培训和学习，之后带领企业成功转型。

公司根据网络营销的四大内容，制定了网络推广运营管理执行手册，对流量、询盘量、线索量、成交量四个转化过程作了流程控制，环环相扣，从而实现对整个网络营销过程的精细化管理。在关键词推广方面，公司免费推广主要细分为以下几个方面。

•软文推广——由公司工作人员编写，内容包括产品、服务、技术文化、企业相关活动等，图文结合，通过在站内（官网）、各种门户类网站（B2B）、微信、微博等平台进行发布，扩大企业的曝光率，提升企业的形象、可信度以及品牌知名度。他们利用核心关键词去寻找相关素材，可以原创编写，也可以适当进行伪原创。

•B2B推广——在搜索引擎里查找快照排名前30位的B2B平台，进行平台注册、产品资讯发布；通过平台的力量宣传企业品牌，提高产品知名度；发布资讯，引导客户搜索，提高网站点击量、浏览量、询盘量，每月增加20条有效外链。

•百度问答——收集员工这边客户关于电机的一些常见问题，定期编辑发布。

•微信推广——以维护老客户、吸引新客户为主，建立公司自己的微信公众号，吸引询盘客户关注。

付费内容主要包括百度、360等搜索引擎的关键词推广，通过搜索引擎的后台发布价格合适的关键词，每日根据点击情况收集数据，调整关键词和创意。

通过付款和免费推广相结合的手段，公司核心关键词基本都能排到搜索引擎的首页或第2页，"长尾"关键词排在前5页；每日询盘客户约10个，精准客户达一半以上。

为用户提供价值，这是核心中的核心，在这个基础上，企业再考虑品牌词的植入。另外，百度内容频道有一系列技巧，可以帮助企业合理做宣传，建议执行人员把百度的文件读透。同时要不断地学习行业内分享的百度内容推广技巧，这样才能将百度内容频道的推广效果最大化。

2. 新媒体

新媒体是移动端的一个代表，像今日头条、天天快报、腾讯新闻等都属于新媒体。那新媒体都有哪些特点呢？

首先，新媒体以从移动端获取信息为主。其次，新媒体大部分都是以信息流动的模式展开，每篇文章呈现在用户面前的时间都很短，用户不断地刷新，信息会滚屏，所以说这是一种流动的状态。最后，新媒体还具有社交属性。用户看到某篇文章很好，他可能会去评论、去转发、去关注作者，或者给作者点赞，这些都是社交属性的体现。

新媒体的推广也有两大模式：一个是免费推广，如开专栏；另一个是付费推广，如做新媒体广告，两者都可以给企业带来流量。

什么是免费开专栏？公众号是典型的新媒体，很多资讯类门户网站都模仿公众号，推出了自己的"公众号"，如百度的"百家号"，搜狐的"搜狐号"，腾讯的"企鹅号"，一点资讯的"一点号"等，都是新媒体专栏。另外，喜马拉雅、荔枝等语音类平台，也属于新媒体类型。

企业做新媒体推广，想要获取大流量，关键就是要跟搜索引擎优化的内容有所差异。搜索引擎优化更多的是要关注关键词，新媒体推广除了关注关键词，更重要的是选题内容，要选择大众关注度特别高的主题。选题确定之后，标题要有吸引力，这是决定内容能否带来流量的基本前提。新媒体跟百度内容频道是相似的，都属于第三方内容形态，不是企业自己的地盘，没有办法在里面加联系方式、超级链接等，唯一能做宣传的就是露出自己的品牌词。

当然，新媒体审核越来越严格，如果每篇文章都加上品牌词，可能会被封号，因此，企业要在坚持价值输出的前提下，选择部分文章露出品牌词。

以上是从企业做网上推广的渠道与媒介的角度去介绍的，接下来，我们可以从不同类型的企业重点要占领的渠道或者媒介来介绍。

新媒体推广也要遵从"二八"法则，企业要第一时间把那20%有价值的渠道找出来。B2B类型的企业要掌握的是搜索引擎上的B2B电商平台，B2B包括综合性以及专业垂直类平台，将这些渠道以及线下开展会、搞活动等获取的客户线索，引导到微信里去。企业如果有公众号，可以引导到公众号那里，如果公众号运营得不好，可以引导到个人号，让当时没有产生转化的客户线索能够沉淀在微信里。

零售企业首先要占领的渠道不是自己的官网，而是第三方的电商平台。由于零售企业产品以大众消费品为主，客户在互联网上比较分散，所以零售企业还要懂得如何去运营社交网络，包括微信、微博、线上直播、导购电商平台等。

另外，零售企业客单价不高，所以不适合做竞价排名，但可以做搜索引擎优化，由此提升品牌词的知名度。

O2O企业，尤其是本地化销售的企业，要占领的渠道相对来说很宽泛。例如，本地性质的电商平台、社区、微信，也包括类似于百度地图、高德地图这类的地图占位。

所有的企业在全网推广中如何落地，也是有标准步骤的。首先，要给自己定一个线上目标，然后根据这个目标去制订计划。全网推广的效果取决于企业执行人员的专业水平，企业一定要培养相关的团队。

企业团队要批量去占位，尤其是免费的推广媒介，这个工作早期就要开展。等到企业官网上线，具有转换效果之后，可以去开通一些付费的前端引流广告，比如竞价排名、阿里网销宝、淘宝和天猫的直通车，前提是商铺已经被打造得很有营销力，这样才能让流量变销量，这就是整个全网推广的步骤。

互联网不仅仅是一个工具和技术手段，也需要我们加上自己的策略和规划，这样才能产生价值。路漫漫其修远兮，在全网运营的路上，我们还需要不断地去摸索，不断地去完善。

本章小结

1. 搜索引擎营销的核心是关键词，要围绕关键词布局网页内容，让用户检索时最好在首页就能找到你的企业。

2. 对于企业来说，要占领搜索引擎，主要有两种方式：第一，做搜索引擎优化；第二，做竞价排名。搜索引擎优化是免费的，竞价排名是付费的。

3. 适合做竞价排名的企业有以下几个特点：第一，产品客单价比较高；第二，企业处于垂直专业领域；第三，不管什么类型的企业，企业知名度比较高，在行业内做排名就会更有优势。

4. 微信究竟适不适合企业，适合哪些企业，前提只有一点，就是看企业有没有提前通过线上线下的营销手段获得目标客户，并将客户线索沉淀到微信里。

5. 新媒体的特点：首先，新媒体以从移动端获取信息为主；其次，新媒体大部分都是以信息流动的模式展开，每篇文章呈现在用户面前的时间很短，用户不断在刷新，信息会滚屏，所以说这是一种流动的状态；最后，新媒体还具有社交属性。

附录

网络营销常用数据表

核心产品选择模型表

产品服务器类	用户刚需	消费前端	产品优势	市场增量	价值贡献	总分	排名

目标客户选择模型表

人群行业分布	销售额贡献	利润额贡献	增长率排名	相关销售机会排名	竞争力排名	总分	排名

关键词分析表

询盘关键词	询盘量	推广渠道	成交量	业绩	成交转化率

新媒体数据统计分析表

推广渠道	送达人数/推荐量	阅读量	留言量	收藏量	分享/转发量	询盘量	成交量	业绩	询盘转化率	成交转化率
微信公众号										
头条号										

销售转化率统计表

排名	姓名	分配客户量	成交家数	成交人数	总业绩	成交转化率
1						
2						
3						

免费推广数据统计分析表

推广渠道	访客数量（UV）	IP 数量	跳出率	平均访问时间	询盘量	成交量	业绩	询盘转化率	成交转化率
直接访问									
外部链接									
百度搜索									

付费推广数据统计分析表

推广渠道	消费	展现量	点击	点击率	平均点击价格	询盘量	询盘成本	成交量	成交成本	业绩	询盘转化率	成交转化率
百度竞价推广												
百度移动推广												

后 记

还记得 2017 年那个天朗气清的早晨,我跑完步回到家,在阳台上看着这个刚刚苏醒的城市,又看到玻璃窗上自己的影子,想到大学时受资本论影响更改毕业论文的勇气,想到 2004 年第一次通过网络营销验证自己想法成功时的激动,想到被大学生就业困难激发出的使命,想到首次站在单仁资讯讲台时作为老师的责任,想到第一次感受到学员因我的课程而受益时的喜悦……太多的感受涌上心头。正是这些历历在目的往事让我产生了希望出版此书的想法。

到 2018 年,我已经做了近 28 年的企业,开展网络营销课程也已有 12 年。在后面 10 余年的"产业+互联网"研究中,我越来越能够发现一些有价值的信息和思想。正如 1999 年《读者文摘传奇》带给我的启发,传播时代需要的、惠及大众的思想是我们每个人最值得去做的。因此我决定再次将思想汇成文字,出版这本不同于以往的系统性书籍。

我把这个想法发到自己的朋友圈里，没想到当天就收到了1237个赞，这更加坚定了我的信心。为了做好这件事，我们还特意成立了单仁读书会。我的那些因网络营销而受益的企业家学员们纷纷加入读书会，他们深知网络营销的重要性，主动参与，甘愿付出，愿意一同帮助更多的企业利用互联网成功转型，我为此倍感幸福和骄傲。

历经半年时间的孕育和准备，本书即将面世。在此，我要感谢你们！

我们专家团队——轩鹏、李晶、胡宝介、李骁恒。这本书的内容很多，虽然写着"单仁 著"，但无不饱含着你们的智慧和付出，这是我们集体智慧的结晶。

我团队的伙伴——陈飞、王清娴、李辉、伊敏。本书的出版和读书会的筹划，工作烦琐，信息量大，你们在自己繁忙的工作中仍坚持把这两件事放在心中重要的位置，事事有交代、有回音，让我内心特别安定，给了我更大的力量去推动单仁资讯的文化传播。

我的家人，感谢你们对我的默默支持，多少属于本该陪伴你们的时间被工作占据，感谢你们的理解与爱！

书中的 20 位案例学员，感谢你们的付出，愿意奉献出自己转型的成功经验，为读者提供有价值的信息，你们的案例让本书的内容更加精彩。

单仁读书会的合伙人，感谢你们义无反顾地加入单仁读书会，你们的加入为我们推动中小型企业的互联网转型的愿望提供了强有力的支持。单仁读书会合伙人名单如下（排名不分先后）：

李佳霖	王秋芬	张其华	张锡林	欧国军	张晓帆
艾 斌	盛建刚	常 英	周章瑛	罗良磋	蔡小娜	余 露
杨自中	李国权	郑 鹏	颜 彦	吴俊平	熊晓鸣	张毓宸
邹桥华	王金铂	肖群妹	王甫兵	孟立新	陈 艳	李远梅
房 华	李洪影	阳忠峰	曹 龙	孙冬丽	王远金	陈 画
葛基中	杨忠根	张 鸿	蔡国浦	罗崇文	张顺华	陈继瑞
邓立万	冯树建	全 毅	樊 刚	胡海云	张留凤	何艳林
孔德掌	林 辉	覃春艳	杨道瑞	吕庆玲	杨 丽	梁素贞
郝鸿峰	姜俊玲	刘林英	郑昭玲	李 梅	陈科斌	黄雀萍
谢兆军	胡岳华	章福春	陈永明

森冠文化的伙伴——王娟董事长、高丹总经理及其团队，感谢你们做了大量的支持工作，为单仁整体项目提出了诸多中肯的建议。

出版编辑——胡晓阳、吴晓月，没有你们的专业能力和匠心精神，就没有这本书的问世。感谢你们的用心付出，让更多的读者可以因此而受益。

还有许多没有被列上来，但为了本书出版一直在默默工作的伙伴们，在此一并感谢，感谢你们的努力与付出！

单仁读书会申请表

以全网营销系统为核心的智慧共享社群

单仁读书会是中国首个聚焦于"网上做生意"的细分垂直读书会,是以全网营销系统为核心的智慧共享社群。

如果你遇到以下情况:

不知道自己到底适不适合做网络营销;

面对客户流失严重却束手无策;

匆忙组建网销团队却不知道该如何分工和操作;

花钱建网站却无人访问;

砸钱做付费推广但转化率极低;

担心在网上投钱打了水漂又不会使用新潮的互联网工具;

眼看着90后老板玩转网络却找不到适合自己企业的个性化转型方案;

那么,请你

来这里,有系统、有干货、有人脉。

来这里,以书会友,资源共享。

扫码立刻申请加入!